丛书主编/陈 龙 杜志红
数字媒体艺术丛书

网络直播 视觉设计

刘均星 许书源/著

苏州大学出版社
Soochow University Press

图书在版编目(CIP)数据

网络直播视觉设计 / 刘均星, 许书源著. —苏州: 苏州大学出版社, 2021.10(2024.8 重印)
(数字媒体艺术丛书 / 陈龙, 杜志红主编)
ISBN 978-7-5672-3717-9

Ⅰ.①网⋯ Ⅱ.①刘⋯ ②许⋯ Ⅲ.①网络营销—视觉设计 Ⅳ.①F713.365.2

中国版本图书馆 CIP 数据核字(2021)第 205229 号

| 书　　　名：网络直播视觉设计
WANGLUO ZHIBO SHIJUE SHEJI
著　　　者：刘均星　许书源
责任编辑：万才兰
装帧设计：吴　钰
出版发行：苏州大学出版社(Soochow University Press)
社　　　址：苏州市十梓街 1 号　　邮编：215006
网　　　址：www.sudapress.com
邮　　　箱：sdcbs@suda.edu.cn
印　　　装：苏州市深广印刷有限公司
邮购热线：0512-67480030　　销售热线：0512-67481020
网店地址：https://szdxcbs.tmall.com/(天猫旗舰店)
开　　　本：787 mm×960 mm　1/16　印张：15　字数：237 千
版　　　次：2021 年 10 月第 1 版
印　　　次：2024 年 8 月第 2 次印刷
书　　　号：ISBN 978-7-5672-3717-9
定　　　价：52.00 元

凡购本社图书发现印装错误,请与本社联系调换。服务热线:0512-67481020

General preface 总序

  人类社会实践产生经验与认知，对经验和认知的系统化反思产生新的知识。实践无休无止，则知识更新也应与时俱进。

  自4G传输技术应用以来，视频的网络化传播取得了突破性进展，媒介融合及文化和社会的媒介化程度进一步加深，融媒体传播、短视频传播、网络视频直播，以及各种新影像技术的使用，让网络视听传播和数字媒体艺术的实践在影像领域得到极大拓展。与此同时，融媒体中心建设、电商直播带货、短视频购物等相关社会实践也亟需理论的指导，而相关的培训均缺乏系统化、高质量的教材。怎样认识这些传播现象和艺术现象？如何把握这纷繁复杂的数字媒体世界？如何以科学的系统化知识来指导实践？理论认知和实践指导的双重需求，都需要传媒学术研究予以积极的回应。

  本套丛书的作者敏锐地捕捉到这种变化带来的挑战，认为只有投入系统的研究，才能革新原有的知识体系，提升教学和课程的前沿性与先进性，从而适应新形势下传媒人才培养的战略要求。

  托马斯·库恩（Thomas Kuhn）在探讨科学技术的革命时使用"范式"概念来描述科技变化的模式或结构的演进，以及关于变革的认知方式的转变。他认为，每一次科学革命，其本质就是一次较大的新旧范式的转换。他把一个范式的形成要素总结为

"符号概括、模型和范例"。范式能够用来指导实践、发现谜题和危机、解决新的问题。在这个意义上，范式一改变，这世界本身也随之改变了。传播领域和媒体艺术领域的数字革命，带来了新的变化、范例和模型，促使我们改变对这些变革的认知模式，形成新的共识和观念，进行系统化、体系化的符号概括。在编写这套丛书时，各位作者致力于以新的观念来研究新的问题，努力描绘技术变革和传播艺术嬗变的逻辑与脉络，形成新的认知方式和符号概括。

为此，本套丛书力图呈现以下特点：

理论视角新。力求跳出传统影视和媒介传播的"再现""表征"等认知范式，以新的理论范式来思考网络直播、短视频等新型数字媒体的艺术特质，尽力做到道他人之所未道，言他人之所未言。

紧密贴合实践。以考察新型数字媒体的传播实践和创作实践为研究出发点，从实践中进行分析，从实践中提炼观点。

各有侧重，又互相呼应。从各个角度展开，有的侧重学理性探讨，有的侧重实战性指导，有的侧重综合性概述，有的侧重类型化细分，有的侧重技术性操作，理论与实践相结合的特色突出。

当然，由于丛书作者学识和才华的局限，加之时间仓促，丛书的实际成效或许与上述目标尚有一定距离。但是取乎其上，才能得乎其中。有高远的目标，才能明确努力的方向。希望通过将这种努力呈现，以就教于方家。

对于这套丛书的编写，苏州大学传媒学院给予了莫大的鼓励和支持，苏州大学出版社也提供了很多指导与帮助，特别是编辑们为此付出了极多。谨在此表示衷心的感谢！

"数字媒体艺术丛书"编委会

Foreword 前言

网络直播是近几年兴起的媒介门类，在当今社会中扮演的角色越来越重要，成为人们娱乐、社交的重要媒介。与电视、广播、微博等不同，网络直播具有更加丰富生动的表现力。这种新的社交方式使用户与主播、用户与用户之间的交流快速化、平等化、社交化，而且用户不再被固定于特定的时间和地点，他们获取信息的渠道不再局限于单一媒体，更趋向于多元化。网络直播最大的特点就是加入了互动元素，受众从被动接收转为主动选择，而且接收方式更加人性化，可以通过各种动态效果、变化的信息与主播和其他观看者进行实时互动。

网络直播的应用领域也越来越广泛，包括娱乐直播、游戏直播、购物直播、会议直播、体育直播等。从游戏竞技到网络购物，从影视娱乐到体育赛事，从远程会议到在线教育，网络直播无处不在。

本书从视觉设计的角度，重点分析不同类型网络直播的视觉要素，具体涉及图形、文字、可交互界面等平面元素，以及实体场景和舞台、虚拟空间、网络主播的形象等。从视觉设计的角度来看，这些视觉要素所具有的共同属性是图像和色彩。因此，通过对页面中的图像和色彩进行组织，形成合理的视觉逻辑语言，使受众在观看网络直播的过程中获得良好的体验，是进行网络直播视觉设计的目的。

本书可为数字媒体专业学生、网络直播业从业人员及其他从事互联网媒体设计的人员提供从理论到审美、设计的全方位参考。本书是结合艺术设计与新媒体技术的实践型教材，强调学科的交叉与融合，从多元角度构建网络直播视觉设计的知识结构，系统归纳其设计原理。

　　本书由我和许书源共同完成，共有六章，其中第三章由许书源完成，其余五章由我完成。在紧张的撰写过程中，我得到很多人的帮助与支持，尤其是我的三位研究生刘静薇、郑露露和万千慧，她们在寒假牺牲与家人团聚的时间帮忙收集资料和整理图片，为本书的顺利完稿付出了很多心血。同时，陈龙教授、杜志红教授对本书提出了诸多宝贵意见，出版社编辑万才兰等人一丝不苟编校稿件，这些都让我感动不已。本书在完成过程中参考和借鉴了大量相关文献，对这些文献的作者也表示诚挚的谢意！最后，感谢我的家人对我的支持与鼓励！

刘均星

2021 年 6 月

第一章 网络直播概况 / 001

第一节 网络直播的兴起 / 002
第二节 网络直播的技术概述 / 017
第三节 网络直播的主体特征 / 031

第二章 网络直播平台的分类及简介 / 041

第一节 娱乐类直播平台 / 042
第二节 游戏类直播平台 / 052
第三节 购物类直播平台 / 063
第四节 会议类直播平台 / 071
第五节 体育类直播平台 / 077
第六节 专业领域类直播平台 / 085

第三章 网络直播中的视觉要素 / 089

第一节 二维平面视觉要素 / 090
第二节 三维空间视觉要素 / 101
第三节 主播形象设计 / 118
第四节 直播画面构图 / 121

第四章　娱乐类网络直播的视觉设计 / 127

第一节　直播界面设计 / 128
第二节　直播空间视觉设计 / 143
第三节　主播形象装饰 / 151
第四节　直播镜头与灯光设置 / 159

第五章　游戏类网络直播的视觉设计 / 165

第一节　直播主体的审美特征 / 166
第二节　直播界面设计 / 171
第三节　主体形象装饰 / 198
第四节　游戏直播的空间设置与灯光布置 / 201

第六章　购物类网络直播的视觉设计 / 205

第一节　直播受众的审美需求 / 206
第二节　直播界面设计 / 207
第三节　主播形象装饰 / 210
第四节　直播商品的摆放与灯光布置 / 219

参考文献 / 231

第一章
网络直播概况

教学目标：了解网络直播的内涵和发展历程；知悉网络直播在我国兴起的深层原因和网络直播的发展趋势；了解网络直播的相关技术；了解网络直播的内容产品和参与者的主体特征。

教学重难点：引导学生了解网络直播兴起的逻辑及网络直播的主体特征，初步了解网络直播的受众需求和内容特点，为网络直播内容生产打好基础。

2016年，中国迎来了视频直播元年。移动互联网时代，直播突破了以微信和微博为代表的社交媒体网的防线，紧紧抓住了受众的注意力，使受众的媒介迁移的积极性骤然提高，引发了全民直播的浪潮。它的流量价值吸引了大量资本涌入，同时强势重组传媒市场，重新瓜分市场份额。它的风靡不是或然的，它的出现也不是突然的，而是经过数年的积淀，在诸多因素的牵引下跃入人们的眼帘。此外，在"井喷式"发展状态下，作为社交工具的网络直播也被挖掘出新的发展价值和发展可能，朝着规范化、多元化和产业化的方向发展。

第一节 网络直播的兴起

如今，网络直播已然成为中国媒介市场的重要主体，成为许多网民娱乐社交的重要媒介。网络直播行业站在了移动互联时代的风口，引起了多方的关注，尤其引起了传媒行业从业者的关注。要了解网络直播，首先要了解这一新兴媒介是如何兴起的、为什么能兴起，以及未来的发展方向是什么。

一、网络直播概述

（一）网络直播的内涵

网络直播的内涵不是一成不变的。在移动互联网技术普及之前，网络直播一般指的是以网络电视直播为代表的传统型网络直播，即在网络技术的支持下，以电视、电脑等作为终端设备，直播方借助技术设备生成和传输电视模拟信号，用户借助设备采集电视模拟信号，然后将电视模拟信号转换为数字信号接入电脑，实现视频画面在视频网站实时更新，供用户观看。[1] 另一类网络直播则是以平台直播为代表的新型网络直播，即在移动互联网技术支持下，直播方借助设备将直播场景的音视频等转换为数字信号，

---

[1] 曲涛，臧海平. 当前网络直播存在的问题及监管建议[J]. 青年记者，2016（26）：15-17.

用户通过电脑、手机等终端设备接收和解码，实现实时观看。[①] 在平台直播中，直播内容的生产、传播、反馈和再反馈全流程都依托互联网技术。新型网络直播平台是近年来大众最为熟知的网络直播，也是本书论述的主体。

不同于传统型网络直播，新型网络直播既不是对相同内容进行媒介间的转移，也不是媒介合作，而是充分发挥互联网的优势，跨时空连接众多用户，使用户聚集在同一平台上，兼具实时性、强互动性、传播场景化等特点，具有较强的分众化趋势。该类网络直播进一步缩短了文字、图像、评论等媒体信息在媒体运营者和用户之间传输所耗费的时间，向用户展示了生动的现实场景。同时，在有技术支持和移动设备普及的背景下，新型网络直播不是靠专业内容生产来主导直播，而是专业生产内容（professional generated content，PGC）与用户生产内容（user generated content，UGC）的互动结合。网络主播根据已设定好的直播主题和直播议程引导直播方向，并在与用户的互动中灵活调整直播细节。主播和用户都能够影响直播的内容质量、时长和传播力。可以说，新型网络直播是以"主播—用户"和"用户—用户"两大互动场域为核心的社交性活动。用户被赋予了多重身份，如直接参与直播内容生产的生产者、直播内容的消费者等。这给用户带来了更好的虚拟社交体验，使用户有了重要的社交平台和内容消费场所。

因此，网络直播是基于互联网技术，通过电脑、手机等终端设备，利用摄像头等硬件设备，在特定的直播平台上实时展示由主播或主播的专业策划团队制作的直播内容，并以文字、图像、视频、弹幕等形式实时展现两大主体的互动情境的信息传播媒介。

（二）网络直播的发展历程

1. 网络直播的萌芽期（2005—2013 年）

这一时期，基于 2G 移动通信网络技术，手机仅有发短信、通话等基本功能。早期的网络直播以电脑为终端，网络直播的概念还未被提出。21 世纪初，网络游戏《魔兽世界》席卷全球，国内用户基数迅速攀升，

[①] 马川. 我国网络直播平台的传播策略研究［D］. 济南：山东大学，2017.

但游戏系统并不能满足游戏玩家团体战的实时沟通需求,跨时空玩家的团队协作能力低于现实玩家,而当时腾讯 QQ 的语音功能网络稳定性差,难以提供良好的用户体验。2005 年,YY 语音正式推出语音直播,用户在游戏中用语音即时沟通,专业直播平台开始出现,我国视频直播初现雏形。2006 年,六间房视频网站正式上线,但仅作为视频发布平台,不提供视频内容,用户可以自行上传视频。网络红人胡戈入驻,并在平台首发新片《鸟笼山剿匪记》等,为平台积聚了早期用户。而真正把网络直播推向视频直播的则是秀场直播。2005 年,9158 视频社区创建,为用户提供以才艺展示为主的文化娱乐、视频聊天服务。这种才艺展示类的视频直播吸引了人们的眼球。2008 年,YY 语音根据游戏玩家的使用情况,推出了专门的高品质娱乐房间等,为用户提供游戏直播、唱歌直播等视频直播观看和分享服务,增加平台价值。2009 年,六间房视频网站的秀场直播也逐渐引起用户的关注。以 YY 语音、六间房视频网站、9158 视频社区为代表的平台的秀场直播模式逐渐为众人所熟知。

　　视频网络直播不是一蹴而就的产物,而是历经多人在线聊天的社交平台到多人在线视频的交友社区的转变,逐渐从语音过渡到视频,从游戏走向娱乐秀场。自诞生之日起,视频直播就展现了强大的生命力和发展潜力。作为新兴的社交媒介,视频直播排除了处于不同时空的用户之间的视线障碍,文字沟通让位于语音和视频沟通,用户社交体验良好,使他们可以直观地、实时地观察直播的其他终端用户,也就拥有了广阔的市场空间。继 YY 语音、9158 视频社区等平台后,国内涌现了呱呱直播、九秀 56 秀场等同类型网络直播平台。2011 年,4G 技术正式投入使用。2012 年,YY 直播率先增加视频游戏直播插件,与专业主播签约,涉足游戏直播板块。网络直播市场竞争加剧。

　　总的来说,该时期网络直播还处于起步阶段,平台盈利大多通过签约主播,以主播的视频直播吸引用户购买虚拟道具、打赏主播和为社交关系付费。平台的发展速度相对较慢,尚处于直播平台的功能和板块的完善阶段。然而,秀场直播也暗藏着宣扬色情、暴力等不良信息,影响平台的长远发展。国家对网络直播的管理主要是依照《互联网视听节目服务管理规定》等，监管法规和制度建设不足。

2. 网络直播的成长期（2014—2016年）

2013年年底，国内三大移动通信运营商正式推出4G手机，支持传输更高质量的图像和视频，网络稳定性也高于3G手机和2G手机。网络直播平台迎来了发展的新契机，直播终端也逐渐从电脑网页端迁移至移动端，移动网络直播崛起。萌芽期的秀场直播模式虽然在一定程度上填补了受众的社交需求和情感需求空白，但内容同质化使受众产生视觉和审美疲劳，无法支持平台的长期发展。为了获得更大的生存空间，转型发展是直播平台的必然选择。电竞行业的繁荣发展为该时期直播平台的转型发展提供了可能。《英雄联盟》、《刀塔》（Dota）等游戏聚集了大量用户，平民玩家想学习职业玩家操作技术的需求增多。直播就成了玩家和游戏主播进行互动沟通的首选方式。2014年年初，AcFun的生放送直播①正式改名为斗鱼直播，拉开了游戏直播竞相争霸的序幕。同年，杭州边锋网络技术有限公司成立战旗直播，YY直播从原直播平台上将游戏直播分离出来，成立虎牙直播。次年，熊猫直播和龙珠直播上线。游戏直播迎来了发展的春天，与秀场直播、全民直播形成三足鼎立的局面。但前期的游戏直播主要是大型游戏的玩家和从业者的狂欢，玩家迅速在游戏直播平台建立各自的兴趣社区。而后期的直播平台增加了游戏内容，小众游戏玩家也加入直播平台，游戏直播群体壮大。同时，4G手机的普及也带动了游戏直播从电脑网页端转向移动端，直播行业也从"颜值"经济走向"颜值+内容"经济。艾媒咨询发布的《2016Q3中国在线直播市场研究报告》显示，付费意愿低的直播用户群体中，风趣幽默、学识渊博和颜值高是主播的重要特点，而付费意愿高的直播用户则更看重主播的技能、声音和颜值，如图1-1所示。② 由此可以看出，直播用户对主播要求颜值和内涵并重。直播行业的内容生产层面更加注重内容质量，主播成为直播平台的重要资产，吸粉能力强的优秀主播成为各大平台的争抢资源，如熊猫直播的"若

---

① 生放送直播即现场直播。
② 艾媒咨询. 2016Q3中国在线直播市场研究报告 [EB/OL]. (2016-12-19) [2021-01-10]. https：//www.iimedia.cn/c400/47382.html.

风"、斗鱼直播的"White55 开"。

图 1-1　2016Q3 中国在线直播用户对主播质量评价指标调查

此外，网络直播行业还涌现出了以移动端为主要战场的娱乐社交类直播平台，如映客直播、花椒直播等，直播行业的细分趋向初显。直播行业也拓宽了盈利渠道，增加广告、游戏发行、会员服务、主播代言等多种盈利方式。2016 年，直播行业的发展价值吸引大量资本进入。其中，欢聚时代向虎牙直播和 ME 直播投资共计 1 亿元，映客也获得多个机构共计 8 000 万元的投资。其后直播营销悄然兴起。2016 年 4 月，美宝莲利用直播开产品发布会，两个小时就实现了 142 万元的实际销售额。同年 5 月，《大闹天竺》主演在斗鱼直播宣传电影，观看人数超 500 万。直播营销实现了主播与用户的零距离互动，刺激用户的购买欲望，促成观看用户转化为购买用户。

直播行业的繁荣背后也存在着直播乱象。社会舆论和国家发展都要求加快相关管理规定的出台。2016年，国家互联网信息办公室针对移动互联网信息安全管理出台了《移动互联网应用程序信息服务管理规定》；国家新闻出版广电总局发布了《关于加强网络视听节目直播服务管理有关问题的通知》；国家互联网信息办公室发布了《互联网直播服务管理规定》，明确"双资质、总编辑、先审后发、即时阻断"的直播服务要求，规范直播行业的发展，营造风清气正的网络空间。

3. 网络直播的转型期（2017—2019年）

在经历网络直播平台井喷式发展后，直播行业开始规范化，直播平台运营朝良性发展，在线直播行业的准入门槛提高，平台的用户吸纳速度下降。据艾媒咨询数据显示，虽然直播平台用户规模仍然不断增大，但2018年用户年增长率降至14.6%，并逐年下滑，如图1-2所示。① 这是因为在爆发式增长后，直播平台的热度稍稍退去，行业回归理性，走向以内容为王。这就促使直播平台转变原来的内容生产模式。虽然UGC视频直播内容生产模式能鼓励用户参与和互动，但在快速发展阶段，以UGC为主导的内容生产导致内容质量参差不齐、同质化严重，增加了平台管理成本，消解了平台特色，使平台发展陷入困局。直播行业转向PGC内容生产模式后，直播平台间的竞争主要是内容层面的竞争。其中，PGC综艺节目成为重要的角斗场，如芒果娱乐制作的《Hello！女神》在熊猫TV和腾讯视

图1-2　2016—2020年中国在线直播用户规模及预测

---

① 艾媒咨询.2020上半年中国在线直播行业研究报告[EB/OL].(2020-08-14)[2021-01-11].https://www.iimedia.cn/c400/73538.html.

频直播，累计达6亿播放量；淘宝直播与上海兰渡文化传播有限公司合作出品的《九牛与二虎》的观看人数超千万。

同时，网络直播朝泛娱乐方向发展，垂直内容直播日渐丰富，移动直播成为主流。2016年以后，资本大量涌入直播平台，目睹直播平台获得亿元融资，阿里云与微吼视频直播平台达成全面战略合作，百度、腾讯等互联网龙头企业纷纷入局。行业新玩家竞相出现，直播蓝海逐渐转为红海。直播平台增多，用户的可选择性增强，直播平台进入新的用户培养和积累期。该时期用户根据平台使用体验择优选择符合需求的平台，流动性强。而平台利用"烧钱模式"，通过精耕垂直领域，争先抢占综艺、体育、游戏等多个细分市场，泛娱乐倾向凸显，如映客旗下的《芝士超人》直播答题、线上抓娃娃，满足用户的多样化需求。这也带来了新一轮的行业洗牌。其中，熊猫直播资金链断裂，全民直播倒闭，网易薄荷直播停止服务，而花椒直播和六间房视频网站整合资源，扩大用户辐射面，在移动端和电脑网页端，在一、二线城市和三、四线城市同时发力，迈入新的发展阶段；2018年，虎牙直播正式登陆纽交所，签约职业战队，自制赛事IP，抢占赛事版权布局电竞产业链。花椒直播、虎牙直播、斗鱼直播等平台成为行业的佼佼者，移动端也成为新的竞争热点。艾媒咨询数据显示，截至2017年第一季度，手机App端WiFi和手机数据网络占直播用户群的86.6%。移动端成为主流直播端口，如图1-3所示。①

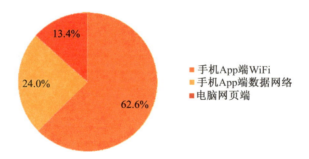

图1-3　2017Q1中国在线直播用户端使用及网络环境调查

---

① 艾媒咨询. 2017Q1中国在线直播市场研究报告[EB/OL].（2017-06-05）[2021-01-12].https://www.iimedia.cn/c400/52067.html.

随着"直播+"的跨领域应用增多，直播开始反哺行业发展。2019年，KK直播推出原创"非遗"系列直播节目《匠人与匠心》，以年轻人喜欢的直播形式传播匠人精神，传承"非遗"文化；同年，淘宝直播App正式上线，加快了直播与电商的融合。"直播+"的发展延长了直播链条，使直播内容多元化发展，也推动其他行业的发展。直播的强互动性、内容的高承载力和趣味性都增强了直播与其他行业的结合能力。此时期管理部门加强监管，封停违规主播，关停违规平台，整治直播乱象，为直播的跨领域应用提供了良好的发展环境。

4. 网络直播的融合期（2020年至今）

随着行业结构的调整和平台转型的深入，直播行业进入了多维发展、多强并行的融合发展阶段。行业在经历了快速成长期后转入转型积淀期，发展速度下滑，但是新冠肺炎疫情期间的"宅经济"助力直播行业刮起新一轮的用户收割狂潮，也加快了直播与其他产业的结合，特别是助力传统产业的转型。疫情影响了经济发展，以农业为代表的传统产业、旅游城市等面临困境，但社会消费能力并没有出现大幅度下降。"直播+"创新商业模式，重构直播场景，加快了"直播+电商""直播+文旅""直播+扶贫""直播+教育"等细分领域的发展，直播与用户生活的紧密度提升。

同时，疫情下的直播被寄予更高的社会期望，被要求承担更多的社会责任，甚至成为公益的扬声器。视频直播能够直观、实时、高效地展示产品、普及知识，这就提供了直播与扶贫、疫情知识科普、在线教学等项目结合的可能性。其中，淘宝发起助农直播活动，直播推广西双版纳的农产品，拓宽农产品销路，促进社会平稳运行；KK直播与人民网等合作推出《人民战"疫"》等多场公益直播，普及新冠肺炎相关知识，稳定人们的情绪；优酷直播发起"在家上课"计划，联合多家教育机构提供线上课程服务，为人们提供更多的学习机会。直播平台凭借其媒介优势，充分承担了自身的社会责任，发挥了平台的社会价值。

虽然用户需求呈现多样化，但仍较多集中在娱乐消遣层面，内容同质化问题仍存在。不同层次或有不同需求的用户涌入直播平台后，平台用户需求增加，如娱乐消遣、资讯传播、营销推广、休闲购物等。其中，浏览泛娱乐内容是用户进入直播平台的重要目的。但是主播的整体素质不高、内容创新能力不足、法制和道德意识薄弱，打法律的擦边球、抄袭的直播内容较多。内容质量成为泛娱乐直播平台的重要生存基点。KK 直播提供公会服务，独创 8 种礼物玩法，开展"K-Star 全明星计划""新主播投资计划"等活动，深耕内容，优化平台主播人才结构，推动平台朝精品化方向发展。

二、网络直播兴起的逻辑分析

2016 年，网络直播闯入大众视野，迅速收割了一大波资本和用户，而新冠肺炎疫情的特殊背景又为它提供了新的发展机遇。它所带来的直播革命直接席卷了整个媒介市场，甚至涉及其他行业，加快了媒介格局重构，多个行业又进入了新一轮的媒介抢夺大战。它的火爆、与其他产业的融合发展似乎是偶然的、突发的，但实际上，它的兴起是多个因素共同促成的。只有了解网络直播兴起的内在逻辑，才能更好地理解平台发展现状、掌握运营诀窍。

（一）技术性因素

网络直播的产生、发展、成熟都离不开通信技术、互联网技术的升级推广与移动设备的大众化。网络直播的出现源于人们的实时对话需求，而 2G 技术仅能实现实时语音，3G 技术的视频传输能力有限。随着通信技术的发展，互联网宽带、家用宽带的普及为互联网技术商用提供了强有力的技术支撑。此外，笔记本电脑、4G 手机等移动终端的普及率提高，技术和硬件设备能够为用户提供使用更流畅、功能更齐全、体验感更佳的社交媒介。同时，用户在社交媒体上的互动需求愈发强烈，不愿止步于图文层面的实时交流。在用户需求市场、技术支持、经济利益等诸多因素的作用下，各类直播平台顺势而生，并在技术升级和需求市场细化的驱动下衍生出多领域的垂直类网络直播平台。这些新兴技术满足了直播平台搭建的技术条件，而直播方和用户可以通过终端设备完成音视频的上传、存储和分发。5G 技术的普及则加速了网络直播的发展进程，使直播平台在新冠肺炎疫情期间能够承载大规模用户同时在线的压力，进一步融入人们的生活。中国互联网络信息中心的调查报告显示，2020年，政府出台一系列5G政策强力推进5G商用，政企合力部署5G发展战略。截至2020年6月底，5G基站已开通超40万个，新基建取得了积极进展。同时，国内已培育形成了超500个特色鲜明、能力多样的工业互联网企业，启动了多个低轨卫星星座计划。① 而在2020年年初，5G手机迅速推出，手机终端更新加快提升用户的上网体验，尤其是在视频直播、游戏等对网速有高要求的网络服务层面。个推大数据发布的5G手机数据显示，2020年，我国5G手机市场占有率由第一季度的1.7%上升至第四季度的8.5%，5G手机普及度迅速攀升，而5G基站铺设超70万个，以保证5G商用的有效开展。② 这进一步推动了网络直播的迅猛发展，进一步改善了技术带来的画音不同步等不良直播体验状况。当前，一场完整的、专业性高的直播需要有一定视听制作技术的专业制作团队及高水平的策划团队。高水平的技术团队和高质量的硬件设备都是在技术和市场需求的催生下出现和发展的。可以说，技术是网络直播生存发展的地基。

（二）经济性因素

经过多年的发展，网络直播已经衍生出粉丝打赏、会员收费、广告增值服务等多种盈利途径，直播用户的体量庞大，行业的发展潜力巨大。2016年，网络直播的商业价值引来大批资本的涌入，网络直播成为风险投资的热点领域之一。其中，斗鱼直播获得了来自腾讯、红杉资本和南山资本三方的融资；欢聚时代旗下的YY直播、网易旗下的BoBo直播等成功上市，谋得进驻资本市场的入场券；等等。当时大部分直播平台的盈利模式还未成熟，行业内同质化竞争加大了平台的生存压力，但是资本的入驻使得平台有了"烧钱"换市场的可能。

那么，追逐利益的资本为何进驻还不盈利的直播行业呢？其实，这背

---

① 中国互联网络信息中心. 中国互联网络发展状况统计报告[R/OL].(2020-09-29)[2021-01-12]. http://www.cnnic.cn/hlwfzyj/hlwxzbg/hlwtjbg/202009/P020210205509651950014.pdf.
② 个推大数据. 2020年5G手机报告：华为以45.5%市占率排名第一[EB/OL].(2021-01-28)[2021-04-12]. http://www.getui.com/college/2021012894.

后隐藏着资本以前期投资换后期回报的期许。第一，作为新兴社交媒体的直播平台的流量聚集能力不容小觑。艾媒咨询曾预测，截至2020年年底，国内网络直播用户将达到5.26亿人。① 直播平台无疑是对用户影响巨大的移动端宣传渠道。明星团体也早早入场收割流量，如电视剧《欢乐颂》主演在映客直播平台直播发布会，总收看人数达70多万。这背后所带来的不仅仅是明星的号召力增强效应及影视剧相关利益方的收益，还有平台方的收益。同时，获得巨额融资的平台能够以可变现的红包等迅速吸引更多用户，提升渠道流量价值，有了借机以内容增强用户黏性的可能性，进而拥有了持续融资的底气。流量价值的攀升也带来了广告价值的提升，平台的广告增值服务收入增加。可以说，大量资本入驻所引起的关注无形中也增强了投资方的企业知名度，而通过入驻直播平台这一流量渠道，投资方至少能够收获平台的广告增值服务带来的巨额广告费。此外，直播平台的包容性在一定程度上促进了跨界经济的发展。这是因为直播平台能够将所售卖的商品或服务直观地展现给用户，在一定程度上冲破了微信、微博等新媒体主要提供商品、服务等的相关信息却难以获取消费者的信任或提供服务的桎梏，如音乐小剧场以直播的方式向观众呈现，农户通过直播让用户直接看到农产品，促进了市场资源的高效配置。第二，直播平台的综合性和互动性重构了虚拟网络空间的社交关系。技术支持下的网络直播打破了时空的隔阂，使画音不同步、直播延时等问题有所改善，现场感强，线上交流模式进一步贴合线下交流模式，使人们回归面对面的交流方式。同时，网络直播的泛娱乐化能够充分收割大量受众的碎片化时间，满足受众的娱乐化需求和其他多元化需求。在技术和需求的共同作用下，主播能够以评论互动等多种方式构建与用户的社交关系，深化社交联系。久而久之，优秀的主播能够聚集大量粉丝，且以社交性内容增强粉丝黏性。在粉丝群体达到一定规模后，主播所引发的网红经济也能推动粉丝的潜在购买力转化为实际购买力。因此，直播平台的商业价值在无形中推动了直播平

---

① 艾媒咨询.2019—2020年中国在线直播市场研究报告[EB/OL].(2020-02-20)[2021-01-13].https://www.iimedia.cn/c400/69017.html.

台的兴起和发展。

（三）社会性因素

直播行业的兴起和发展离不开用户的支持。在线直播用户总量的直线增长反映了全社会对直播产品的需求呈现出陡峭的上升趋势。其背后最重要的因素是关系需求的增长推动着媒体内容向社交性内容发展。在以往的媒体环境中，信息传播的主动权始终掌握在少数精英、传统媒体手中，信息传输呈现单向非闭合渠道的特点。但在新媒体的支持下，社会中流通的信息量膨胀，弱势受众的个体性需求就会演变为社会群体的整体性诉求。新媒体为社会个体提供了自由发言的工具、自由讨论的空间，使受众在虚拟空间有了表达的权利，受众群体展现出与以往不同的话语力量。受众对在虚拟空间建立新的关系的需求增强，关系需求成为媒体发展所需要关注的受众需求。在媒体中，这种关系需求主要表现为内容的社交化，改变了媒体内容的构成。媒介内容需要满足个体的社会关系拓展的需要，各类社群、粉丝群等网络群体组织也随之产生。当传统的内容评判价值标准被建立在社交需求满足之上的情感、关系、质量等价值判断取代后，关系构建也就成了媒体内容运营逻辑中的重要组成部分。

从社交关系的角度看，微信所塑造的社交关系集中在熟人圈子，陌生人社交属性弱，较难迅速跨时空与没有任何联系方式的陌生人建立关联；在微博平台中，用户可以较容易地与陌生人联系，但是其社交信息可能被淹没在众多微博信息中，难以同时聚集在一起。但在网络直播中，用户可以与主播、在场的其他用户以评论、送礼物、发弹幕、私信等方式实现实时互动，在互动过程中表达、分享自己的观点。真人视频直播将过去的"大V""大咖"等拉入大众生活，塑造了许多网红，并通过实时互动给用户带来真实感和亲近感。在直播互动过程中，主播与用户、用户与用户之间围绕直播主题展开了社交，形成了以直播话题为中心的社交群体，为跨地域的用户建构起了虚拟社交联系。因此，在以关系消费为基础的媒体内容需求旺盛的背景下，网络直播较微信、微博等新媒体更能满足社会需求，更能冲破微信、微博等新媒体的市场桎梏。

(四) 文化性因素

如果说网络直播能够满足基于关系消费的媒体内容需求，为其兴起奠定了用户基础，那么网络直播平台所形成的消费文化就是推动用户消费的催化剂。网络直播的产生使以图文为主的实时社交模式逐步为以影音为主的实时社交模式所代替。在这种情况下，网络直播重构了虚拟空间的社交方式，并在"现场"交互中构建了一种交互式的拟像空间。在大数据、云计算等技术的支持下，直播受众因兴趣爱好等个性化需求被划分成相对独立的直播社交群体，这不仅塑造了基于社交关系构建的内容生产模式，也形成了由技术主导的泛消费机制。这个泛消费机制由虚拟真实场景和社交互动所组成的拟像共同体建立。首先，因个性化需求集合到同一直播间的受众缩短了以往的社交距离，构筑了拟像空间。在直播间，影像和声音的传递不再存在时差，用户通过观看同步化影像实现对主播的生活空间的窥探。以手机屏幕为界，主播和用户形成了对话的视觉效果，弹幕、影像等都在塑造一种"同时在场"的幻觉。网络直播成功制造了一个混淆了现实与虚拟、自我与他者的拟像空间。其次，在线的方式实现了人际交往，搭建了消费通道。实时在线互动使得参与直播的群体成员相互交流，并使直播场景不断强化己方与他方的关系，形成完整的互动链条。在互动中，群体成员对直播内容和主播产生情感，进而从普通用户转变为粉丝，集体认同感增强。因此，直播的拟像空间和现实存在共同推动用户进入直播平台所形成的"内容生产—互动—消费"模式。用户在身份转换的过程中，也衍生出了身份等级、权力等级的划分，进而产生强烈的消费欲望。

网络直播刺激受众产生了新的消费需求。它动摇了以微信、微博为代表的社交平台的地位，吸引了大量受众。在兴起的过程中，它生产了围绕影像和声音的情感性、社交性内容，构建了新的消费通道。直播所形成的粉丝群体在消费中分化，即为主播消费的数额差异凸显着用户在该群体中的消费层次，进而营造出一种"促销"的消费场景。这不仅逐步推动消费需求转化为实际消费，还使部分用户为获得更高一级的身份认可而加大消费力度。这种消费文化为网络直播的兴起和发展提供了持续的盈利空间。

三、网络直播的发展趋势

(一)技术革新升级直播体验

技术是网络直播兴起和发展的硬性条件,技术革新也在推动着直播行业向纵深发展。其中,最为直观的就是技术革新升级用户的直播体验。一是升级用户的观看体验。直播画面的清晰度、直播的流畅度、音源与画面是否同步都是影响用户直播体验感的重要因素。这些需要通过新技术来解决,直播行业的技术竞争成为行业竞争的重要部分,甚至成为市场竞争的主基调。5G 基站的铺设、5G 手机的普及、5G 商用的推广等,为直播行业的发展提供了新的契机。应用新技术的直播平台可以进一步提升视频直播的用户体验,如直播画面的清晰度、直播的流畅度、画音的同步度等将得到大幅提升。同时,虚拟现实(virtual reality,VR)等新技术的升级催生了实时交互、沉浸式的直播,使视频内容的丰富性和交互性进一步加强。技术赋能的直播场景的可设置空间变大了,能进一步满足用户追求现场感、互动感的心理需求,升级直播体验。二是升级用户的使用安全感。信息安全始终是互联网时代新媒体所面临的一大挑战。直播平台安全防护技术上的漏洞、平台及合作的第三方平台的霸权隐私条款等都让用户的信息暴露在危险的环境中。为减少用户对自身信息安全的忧虑,信息安全防护也是直播行业竞争的重要方向。随着服务器供应商的数据保护硬件设施升级、直播平台内部运营对敏感数据的技术性多重加密等,用户的信息安全进一步得到保护,内部人员或外部人员窃取和贩卖用户信息的难度升级、违法成本升高,用户对直播平台的信任度提高。直播行业的安全技术防护升级助推用户直播体验升级。

(二)"直播+"成为直播行业盈利的蓝海

媒介融合已经是媒介发展的必然趋势。作为新兴媒体的直播平台要想生存和发展,不能只靠当前的用户存量及盈利模式维持运营,而是要走上融合发展的快车道。这种融合不应只是直播平台与其他媒介的纵向融合,而应该侧重于直播平台与其他行业的横向融合。从直播行业现状来看,该行业已经积累了超5亿的受众，受众体量足以让行业拓展更加多元的业务。潜在消费者的消费意愿和消费能力的提升为直播行业向纵深发展提供了机遇。此外，直播平台的包容特性使"直播+"成为可能。在资本对利益的追逐和直播行业自身发展压力的共同推动下，直播行业的业务升级势在必行，需要在坚守直播业务的基础上，积极拓展"直播+旅游""直播+电商""直播+文化""直播+农业"等多领域的跨界合作，全面实施"直播+"的战略计划。当前，"直播+"的有益探索已经延伸至多个行业，电商与直播整合成直播电商，如淘宝直播；旅游与直播整合成直播旅游，如途牛旅游网与花椒直播的合作；各大行业龙头企业与直播的互动整合；等等。在这种发展趋势下，直播平台逐渐从原来的直播平台技术服务商过渡成为综合性深度应用服务商。随着直播的商业价值不断被挖掘，直播在多个行业得到广泛应用，并根据行业的适配性逐步分化出不同直播业务场景，逐步形成跨产业链的直播行业生态体系。这种"直播+"模式不仅丰富了直播内容，提升了直播行业的整体内容质量，增强了用户的直播体验，推动了用户的注意力资源转变为实际的消费行为，还为各行业注入了新的生机，缓和了过去因买卖双方信息不对称而产生的矛盾冲突，增加了直播平台的盈利途径，完善了直播平台的商业模式。可以说，"直播+"是直播行业拓展多元业务、完善盈利模式的必然选择。

（三）监管体系规范平台运营

在网络直播的巨大风口下，巨额资本进入该行业，各类直播平台层出不穷，网络直播行业的市场竞争趋近于白热化状态。可是在行业欣欣向荣的背后，直播内容质量差、观看人数数据造假、销量造假等平台乱象涌现，平台同质化严重，直播平台的正常运营岌岌可危。面对上述行业乱象，国家相关部门不断出台相关政策。2016年，国家互联网信息办公室发布了《移动互联网应用程序信息服务管理规定》，国家新闻出版广电总局出台了《关于加强网络视听节目直播服务管理有关问题的通知》，文化部发布了《关于加强网络表演管理工作的通知》等相关政策，但还存在监管力度弱、针对性不强等漏洞。新冠肺炎疫情暴发后，宅经济再次催热了直播，跨界融合加速。直播的火爆亟须政府来浇一桶冷水，具有针对性的监管行动相继出台。2020年,国家互联网信息办公室对31家直播行业龙头企业的内容生态进行了考察,指出了平台存在内容低俗庸俗化、经营态度不端正、涉嫌组织网络赌博等问题,并约谈了哔哩哔哩、映客直播、斗鱼直播等10家网络直播平台,加快平台的整改进度。这也推动地方互联网信息办公室出台相关的整改措施。2020年3月初正式施行的《网络信息内容生态治理规定》充分体现了党中央关于"网络安全工作要坚持网络为人民、网络安全靠人民,保障个人信息安全,维护公民在网络空间的合法权益"的精神,突出强调充分发挥政府、企业、社会、网民等多个主体共同参与网络生态治理的积极性和能动性,以法律法规的形式提出构建多主体协同治理的网络治理模式,为规范网络直播平台在网络服务中的权利和义务提供了指导,为营造一个健康的、内容丰富的网络空间提供了法律保障,推动我国网络直播发展进入新的阶段。11月,国家广播电视总局发布了《国家广播电视总局关于加强网络秀场直播和电商直播管理的通知》,封禁未成年用户的打赏功能,对不合理的打赏行为进行规制,设置打赏的延时到账期,加强对头部主播的管理,规范秀场直播和电商直播的运营。综而观之,在直播的监管体系逐步健全后,平台运营朝着规范化方向发展,增强了直播平台在社会主义核心价值观方面的导向能力。

第二节 网络直播的技术概述

媒介更迭给我们的生活带来了巨大的变化。它大大缩短了人与人、消费者与企业之间的沟通距离,降低了沟通和交易成本,展现出无限广阔的商业化应用空间。在技术的支持下,直播平台能够向用户提供不同画质、画音同步的直播画面,还可以综合分析用户资料,精准推送不同视频、广告、服务等,提高信息的有效到达率,提升用户的直播体验。直播体验的升级离不开信息技术的升级和硬件设备的更新。

一、通用技术：服务与数据

（一）通信技术

移动通信技术和互联网技术是 21 世纪以来推动中国媒介飞速发展的重要技术推动力。而移动通信技术真正能为大众所用有赖于蜂窝概念的提出和蜂窝系统的应用。模拟蜂窝系统是第一代移动通信系统，它采用了频分多址技术，提高了单站话音路数和频谱效率，能够满足移动场景下语音业务的开展。第二代移动通信系统采用的是时分多址或码分多址技术的窄带数字蜂窝系统，能够满足大众跨时空的语音需求，在一定程度上还能实现低速数据传输业务。信息传输需求增长和技术发展迅速推动移动通信技术朝第三代系统发展。第三代移动通信系统弱化了语音服务，增强了数据业务的供给能力。随后，第四代移动通信系统的服务再次升级，能够支持所有国际电信联盟（International Telecommunication Union，ITU）分配的移动通信频谱，实现对微小区、家庭基站等的全覆盖。而今，5G 时代已经到来，移动互联网应用的深度和广度再一次得到提升，移动通信技术也将渗透到更多行业中去。

国际电信联盟无线电通信部门（ITU-R）将 5G 的应用场景划分为应用于移动互联网的增强移动宽带、应用于物联网的海量机器类通信和超可靠低延时通信三种。其中，与网络直播紧密相关的移动宽带场景又可以细分为广域连续覆盖和局部热点覆盖。移动宽带最基本的应用场景是广域连续覆盖，它的应用能够满足用户的跨时空通信和连续进行通信的需求，为用户提供无缝衔接的信息传输体验。而局部热点覆盖场景主要针对局部热点区域，满足高密度、高速度的网络流量需求，为用户提供高质量的数据传输速度。较 4G 而言，商用 5G 频谱带宽有 100 MHz，频谱大大变宽，数据的上传速率超过 160 Mb/s，下载速度接近 1 500 Mb/s，是 4G 信息传输速度的 15 倍。这就使得 5G 能够支持增强现实（augmented reality，AR）等更需要高网速的应用落地，使网络直播与 AR 等技术的结合加快，直播视频的卡顿等问题也不再是影响直播效果的重要因素。但是为了提高 5G 的传输速度，信息传输的电磁波波长变短了，信号绕射能力减弱了，基站覆盖面积也变小了。为了解决这一问题和加快 5G 商用的进程，国家支持 5G 基站的建设，建立尽可能多的宏基站保证信号的覆盖，建立微型基站补充宏基站的信号传输盲区。此外，在波束赋形技术的支持下，信息得以通过电磁波被定向发送给用户，信号的覆盖距离更远，信号更强，可以同时满足多个用户的信息传输需求。这为网络直播行业提供了更大的发展空间。

（二）服务器与云服务

服务器是搭建互联网平台的硬件基础。安装、使用和优化服务器与云服务等是搭建网络直播平台的第一步。其中，谷歌公司在与其他搜索引擎公司同场竞技时自主研发和使用了软木板服务器，并不断改进水冷通道、发电机组等，持续优化服务器，为公司的发展打下了坚实的基础。但是对于大多数网络直播平台而言，自主研发服务器和搭建机房的成本高，资本回收周期长、风险大，自行购买服务器、租赁机房等能有效降低成本和风险。因而，网络直播平台想要搭建可供用户使用的视频服务系统需要购买服务器，并将服务器布置在相应的机房空间。在这种搭建形式下，网络直播服务商一般需要租赁安置服务器的机房。为了降低运营成本，服务商要根据运营预算、地租、地段、网络带宽情况、运营商的线路、机房的扩展余地等多个因素，选择性价比高的机房地点。此外，网络直播平台可以根据自身业务合理部署机房等节点位置、选购合适的服务器等硬件设备，可选择范围更大。2011 年，脸书（Facebook）公司借鉴开源软件的理念，发起了开放计算项目（Open Computer Project，OCP），推动服务器、数据中心在内的一系列硬件技术的开放，而后微软、以广达等企业也加入该项目，进一步推动了服务器等的发展。2017 年，脸书公司推出 4 种全新的服务器，其中适用于存储图片和视频内容的 Bryce Canyon 服务器的存储密度比普通硬件高 20%，能够提高互联网企业的运营效率。同年，国内阿里巴巴、腾讯、百度三大互联网公司联手推出了"天蝎计划"，确立了服务器的基本技术规范。2014 年 7 月，天蝎计划首次宣布项目成果——Ali-Rack 产品已大规模地应用于阿里巴巴的数据中心，搭建的总成本较原来降低了 5%，且预计可以通过优化再降低 10%，而服务器效率提升了 10

倍。国内外服务器的发展都为网络直播平台的兴起和发展提供了更多的可能。

如果说服务器是互联网平台得以运作的燃料，那么云服务则是在互联网平台上为用户提供有针对性的服务的遥控器。云服务是在互联网空间为企业和用户提供动态化服务的一种技术，云存储是云服务的一种。与服务器一样，云服务的自建成本高，使用公有云服务的性价比更高，是网络直播平台的首选。目前，云服务一般分为软件即服务（Infrastructure as a Service，IaaS）、平台即服务（Platform as a Service，PaaS）、基础架构即服务（Software as a Service，SaaS）三个层次。Iaas 涵盖中央处理器、存储、网络及其他基础的计算资源。它能够向互联网用户提供虚拟环境，以及提供计算、存储、同步、管理、备份数据等服务。基于 SaaS 服务，用户能够在电脑或手机等终端设备上通过客户端访问网页、使用软件等，也能够实现软件的离线操作和数据存储，且不须对软件进行维护。PaaS 涵盖安全服务、总线服务、身份认证、共享服务、数据库和应用服务器等核心服务内容，可以为互联网企业提供定制化的平台产品。当前大多数网络直播平台使用的是 PaaS，使用便捷且具有灵活性，便于平台开发和部署相应的服务。近十年来，国家大力扶持云服务行业的发展，出台了《推动企业上云实施指南（2018—2020 年）》等文件，从各方面支持和保障企业上云。此外，企业级云服务厂商通过建立合作共赢的云生态体系，整合产业链资源，提升一站式服务的供给能力，使云服务行业朝着纵深方向发展，网络直播平台也随之进一步发展。

（三）搜索技术

搜索功能可以说是互联网平台提供的最基础的服务。在网络直播平台上，搜索服务不仅为用户提供高速检索的通道，也为平台内部工作人员提供较好的数据搜索方式。一旦用户进驻平台，接入的网点数量、产生的数据信息等都以指数增长，互联网用户无法依靠传统的检索方式轻易地从海量信息中获取所需信息。这也是谷歌、百度、搜狗等搜索引擎服务商兴起的关键原因。网络直播平台的用户量也要求其设计和开发搜索功能。通常设计和开发搜索技术需要考虑 3 个方面的问题，分别是用户想要搜索什么信息、用户可以搜索哪些信息，以及如何使两者适配。平台可以通过爬虫直接抓取内部数据信息，对其进行去重监测，并存入数据库中。在信息抓取和存储的基础上，平台还可以对网页进行解析，抽取主体内容、相关链接，以倒排索引的结构保存，使线性内容转化为非线性内容，增强信息检索的有效性和体验性。在完成后台数据分类、重组和存储后，用户利用搜索引擎，向平台提交搜索请求，搜索技术会对检索词进行分析，查询后台数据以获得相关的信息列表，再对内容进行重排和反馈给用户，使用户完成信息查询。这就要求搜索引擎所应用的爬虫技术能够以最快的速度下载更多的网页、分析更多的数据、避免重复抓取，还要求其能减少违规网站的错误信息抓取、遵从爬取协议等。

网络直播平台倾向于选择垂直搜索引擎。这是因为在网络直播平台中被搜索的数据往往是平台内部数据，被搜索的数据属性偏向主播、热点、名称等，其搜索结果需要首先向用户个性化呈现。目前，多数平台的搜索引擎都是在 Lucene 的基础上进行再加工。Lucene 是由 Apache 软件基金会提供支持的全文检索的开源程序。平台只需提交关键词文本，该程序就会对相关信息进行搜索、索引、生成倒排列表和保存。在此基础上，技术公司开发出了 Solr 开源搜索平台，增加搜索引擎的文本处理、动态聚类等服务。2013 年后，基于 Lucene 引擎开发的 Elasticsearch 开源引擎成为最流行的搜索引擎技术。它能够实现互联网企业的视频内容搜索、日志数据搜索、用户行为数据搜索等功能。这无疑能够进一步满足网络直播平台的站内搜索需求。当平台推荐或分享的信息无法满足用户需求，抑或是用户需要有针对性地查找某一信息时，用户只能依靠搜索功能，但如果平台的技术无法实现精准搜索，数据爬取和分析能力不足，信息精准度不高，将会极大地降低平台的整体服务水平。而新的开源引擎技术的高效快速的数据分析和查询能力进一步提升了用户使用搜索引擎的体验感。

（四）数据分析与大数据技术

在存在海量信息的情况下，平台无法通过人力或电脑基础运算能力来分析信息，也就无法利用数据信息对企业的运作进行指导。此外，依靠人的思维能力对信息进行分析，往往会因为受到个人的分析能力、知识面、偏好等多种因素的影响，信息分析结果带有强烈的主观色彩，而数据分析则能帮助决策者尽可能撇开主观决策的偏差，对平台运营提出更理性的建议。因此，数据分析能力愈发成为影响平台生存和发展的重要因素。所谓数据分析，就是通过对数据的抓取、分类、选择、调整、挖掘、评价、总结等，将杂乱无章的数据转化为有条理、有依据的知识。数据分析的结果是对数据进行抽丝剥茧，寻找到数据的特征或倾向，发现数据之间的关联性，并进行同类分析、异常分析、分类预测等，这有助于分析企业的运营情况、前景、风险等。对于网络直播平台而言，数据分析的重要作用还在于制作用户画像、向用户推荐感兴趣的产品或服务。平台可以收集用户的年龄、性别、使用服务记录、打开应用的时段等数据，再利用技术对用户数据进行处理，并对用户行为进行建模，构建用户画像，为用户提供个性化的推广服务。同时，数据分析还能帮助平台将用户行为和应用场景有效结合，增强数据分析的有效性，如用户观看直播是从关注列表进入，还是直接搜索，抑或是在热点列表选择等，这些信息都有助于平台提高运营服务质量。

平台数据分析的关键在于大数据技术。2003年，谷歌构建了一个分布式文件系统（Google File System）。在此基础上，道·卡廷（Doug Cutting）建立了第一代大数据技术框架，即Hadoop开源项目和MapReduce分布式计算框架，用于解决数据存储和离线计算难题。以MapReduce计算框架为代表的大数据技术被广泛地应用于互联网企业的结构化数据处理，企业的用户行为分析能力大幅提升。但是以MapReduce计算框架为代表的大数据技术难以短时间响应交互式分析，技术有待加强。随后，核心计算技术Spark的出现推动大数据技术更新。随着移动互联网技术的发展，互联网企业处理结构化数据等价值密度更高的数据的需求增加，且数据实时处理要求提升。在这一背景下，大数据公司开始在Hadoop开源项目的基础上打造SQL引擎，推出了Impala、Spark SQL等核心计算技术，这有助于解决平台的结构化数据分析困局，加快数据处理的速度和时效，增强数据的安全性。在大数据技术的支持下，网络直播平台能够分析用户信息、用户黏性、用户流失情况、用户画像等，如在进行用户黏性分析时，如果发现用户黏性不强，可能需要加强内容升级、调整提醒消息的时间等。这些数据分析结果能够为平台的决策和行动提供参考。

二、音视频技术：编码、流媒体与播放技术

（一）编码技术

移动互联网时代，网络直播的内容传输并不是原封不动地直接传输，而是对内容进行编码加工，再进行信息传输。互联网信息的处理往往要对数据进行压缩，以尽可能少的数据来表达更多的信息，也就是用代码来代替原始的内容。压缩包括无损压缩和有损压缩两种。前者是指任何信息不会因压缩而丢失、受损；后者则是指在压缩过程中删去了不必要或不重要的信息来减少数据体量，减少存储和传输的占用空间。比如，网络直播平台最常见的为视频内容，实时高清的视频所产生的信息量极大，这就要求信息的压缩率至少要百倍以上才能满足需求，也就是要对信息进行有损压缩，因而针对性编码的必要性也就显而易见了。网络直播视频的编码，一般是去除感知上、时空上和统计上的冗余信息，因为网络直播视频由一帧帧连续的图像组成，每一幅图像中的某一像素点与周围的像素点极有可能存在相似或连续的关系，抑或是一帧帧的连续图像也可能存在高度相似性，冗余信息多。视频编码器需要根据计算的复杂程度、编码的延迟性、编码和解码的质量要求等多方面因素对冗余信息进行选择性删减。这就使得容纳大量信息的网络直播产品的跨时空传输成为可能。目前，H.264/AVC 是视频编码市场上应用最广的编解码标准。与市场上现有的编码器相比，它的视频压缩效率高，比 MPEG-2 编码器高 2~3 倍，而且灵活性较强，能够适应的带宽范围广。2013 年，HEVC 被列为新一代视频压缩标准。在该标准下，新一代 H.265/HEVC 的压缩效率应该高于 H.264/AVC 一倍。随着视频压缩技术的升级，互联网行业有望再次提升视频编码质量，并将其应用于 VR 和 AR 的成像场景、4K 视频、电影等。纵观视频编码的发展过程，视频编码技术都在通过变换编码、预测编码和熵编码来推动技术革新，并朝着高质量、多样化和智能化的方向发展。

对于网络直播平台，除了视频编码，音频编码也是支撑其生存的重要

技术。如同视频的编码和解码会损害视频质量一样,音频的编码和解码也可能造成直播的音频存在一定程度的失真和噪声,具体的音频质量因编码器而定。音频对冗余信息的删减更多的是参考人耳的听觉频率,即频率在20~20 000 Hz 之外的声音为冗余信号。目前,最为常见的音频压缩技术是 MP3 和 AAC,两者都是基于 MPEG 标准体系设计和开发的技术。20 世纪 90 年代,德国工程师设计开发了 MP3 这一音频压缩技术架构,并为其制定相应的标准。利用 MP3 技术,音频信息能够以 1∶10 的压缩率进行压缩,大幅度地降低了音频传输的数据量。但随着 MP3 专利的到期,音频压缩技术的利益所得者难以抵御应用该技术的企业进行产品创新和服务创新带来的利益损失风险,这推动了音频压缩技术进行革新。1997 年,杜比实验室(Dolby)、索尼(Sony)等公司联合开发了 ACC 技术,随后又集合了 MPEG-4 的特性,加入了 SBR 技术和参数立体声技术,升级为当前音视频相关企业常用的 MPEG-4 ACC 技术。较之以往,音频的压缩率、解码效率、印制、音轨、采样率等都有了较大的提升。这无疑为网络直播平台提供了良好的技术支持,网络直播的音质大幅提升,用户体验感好。

(二)流媒体技术

音视频从本地播放过渡到互联网在线播放,这一切都是建立在互联网基础设施的完善和流媒体分发技术的发展上。流媒体技术是指在互联网中以流的形式传输视频、音频和多媒体文件的技术。[①] 作为一种新的媒体传输方式,流媒体技术利用流式传输将经压缩的视频、音频等信息,实时从服务器传送至相应的互联网用户。流媒体技术一般先以协议的形式呈现,对已编码好的音视频数据内容进行提取和再封装,并放在流媒体协议规定的包格式中,依照要求逐次发送到相应的客户端上。可以说,流媒体技术的关键在于业务协议。业务协议发挥着保障流媒体数据高效传输的作用,包括 MPEG-TS 协议、RTSP 协议、RSMP 协议等。MPEG-TS 协议是一种用于音视频传输的协议,被广泛应用于广播电视领域,也被苹果公司应用

---

① 王岩. 流媒体技术的发展现状及前景分析 [J]. 计算机光盘软件与应用,2013 (17):181,183.

在视频文件格式上，服务于视频流的解码。RTSP 协议是以 RTP 和 RTCP 为基础的流媒体协议，用于建立服务器和客户端的实时对话窗口。但 RTSP 协议是用来控制音视频流的，而不是传输音视频数据。与 MPEG-TS 协议相比，RTSP 协议确保了"流"的同步和传输效率的提升，提高了数据的传输质量。RSMP 协议是由 RTMP、RTMPS、RTMPE、RTMPT 和 RT-MPFP 等 5 个相关协议组成的流媒体协议族，相互通信只需要一个会话。与 RTSP 协议相比，它虽然协议繁杂，但是不需要双向轨道支撑，传输效率高、速度快。流媒体协议的更新推动了流媒体技术的飞速发展。总的来说，流媒体技术使互联网企业能够不受空间和时间的限制，实时高效地完成音视频、多媒体等数据传输，为构建实时交互的虚拟社交空间提供了保障。它契合了用户对高品质、高效率的互联网服务的迫切需求，也加快了互联网与各行业的融合发展。

其中，网络直播是流媒体技术应用最广的场景。在流媒体技术的支持下，用户可以在低带宽、速率慢的网络环境中尽可能获得较高质量的音视频。同时，网络直播一般是实时更新的。7×24 小时的电视直播内容是无法单独下载播放的，需要技术支持用户能从任一时段开始观看直播或观看直播回放。网络直播的音视频文件的数据量一般比较大，但用户在正式观看之前对直播内容的感兴趣程度是不确定的，如果对内容直接下载，会耗费大量的带宽和存储空间，这就需要技术支持用户能不加载完全部直播内容就可以观看直播内容。流媒体技术就解决了这些难题，使用户能够在任一时间点观看直播、从任一位置开始播放直播内容等，且直播的传输速度较为稳定。此外，流媒体技术还附带两大衍生技术，即支持内容分发网络（content delivery network，CDN）传输和视频内容的加密，这就大大提升了网络直播平台的服务扩展能力，提供了较好的用户访问质量，以及加强了直播的版权保护。

（三）播放技术

在音视频数据传输过程中，编码技术和流媒体技术完成了数据的编码和传输，是在线视频服务的基础。但是对于在线视频服务，它还需要完善的视频播放技术，实现视频对用户的呈现。一般来说，搭建网络直播等在线视频平台需要在后台应用多种复杂技术，但是复杂技术所呈现的平台界面应是简洁明了、使用便捷的。除了登录、注册、浏览、评论、转发等基本功能外，播放器功能也是影响用户使用体验的重要因素。目前的播放器技术分别是 MPlayer、ExoPlayer 和 JWPlayer。MPlayer 与 Linux 系统、Mac 系统及其他 Unix 系统相匹配。该播放器技术自带多种类型的解码器，能够支持多种音视频格式，还支持点对点（peer-to-peer，P2P）点播和预览，功能齐全。ExoPlayer 则是谷歌公司专门为安卓系统设计开发的一款应用 Java 多媒体框架的播放器，播放器的系统兼容性不如 MPlayer。该播放器能够实现视频的本地播放和在线播放。JWPlayer 则是一款以开源形式发布、针对浏览器的播放器，能够嵌入在线视频服务平台中，还提供广告逻辑服务。这 3 个播放器技术为互联网企业搭建自身的视频服务提供了模板。网络直播平台在开发多媒体框架的基础上，仿写各大平台的开源播放器，提升视频播放质量，降低运营成本。

在线视频服务的最突出问题就是盗版。播放技术不限于视频播放，还涵盖与播放相关的内容，如内容加密服务、字幕等。艾媒研究院院长陆玮娜表示，2015 年，网络视频盗版问题给行业带来的广告展示和版权付费损失超过 150 亿元。[①] 这凸显出视频版权保护技术的重要性，即没有数字权限管理（digital right management，DRM）技术保护的视频使得内容生产者的利益严重受损。DRM 技术能够有效控制视频的使用、播放、复制、修改等过程，保护视频不被窃取。而支持 DRM 技术的是加密技术，其将明文信息转换为读取难度高的密文信息，有效保证了仅具备解密方法的对象才能还原密文。在 DRM 技术的支持下，网络直播平台能够对直播内容进行加密，而用户在观看直播前，后台会连接授权服务和获取密钥，向用户提供密钥规定的限制性服务。虽然 DRM 技术不能防止盗版者以录制视频的方式绕开 DRM 技术的限制，但也大大提高了盗版者的盗版成本，对平台和内容生产者的利益保护起到了重要作用。此外，为了覆盖尽可能多的

---

① 王开广. 2015 年网络视频盗版致行业损失超 150 亿[EB/OL].(2016-04-25)[2021-01-10]. https://www.sohu.com/a/71452092_123753.

终端，网络直播平台往往要根据使用的流媒体技术类型，综合应用多种 DRM 技术服务。不同模式的加密技术的差异性无疑造成了资源的浪费，而大型企业也在推动加密技术的格式统一化进程。其中，通用媒体应用程序格式（common media application format，CMAF）格式就是加密技术格式统一化的产物。如果加密技术格式统一得以实现，就会大大节约网络直播平台的运营成本。

三、网络直播硬件设备

（一）移动终端

网络直播的兴起与发展离不开源源不断的新进入者，而这些进入者能够几近无门槛地接入网络直播平台的前提是拥有可用的移动终端设备，如移动手机、iPad 等。鉴于绝大多数用户的使用习惯，本书在此仅简要概述移动手机的发展情况。1973 年，马丁·库帕（Martin Cooper）发明了世界上第一台手机；此后十年，库帕团队不断革新手机技术，并于 1983 年推出了摩托罗拉首款手机——Dyna TAC 8000X，标志着模拟通信时代的开始。20 世纪 80 年代末，广东省率先完成了通信网的铺设，摩托罗拉手机进入中国市场。当时的手机体积大，售价高，被人们称为"大哥大"，也被视为财富的象征。21 世纪初，2G 通信技术的发展推动手机进入数字通信时代。这一阶段，以诺基亚、三星、索尼等为代表的功能机引领手机市场潮流。在性能上，功能机的体积变小，且信号接收情况远优于模拟机。以诺基亚为首的手机在通信功能的基础上新增了许多新功能，如摄像、玩游戏、发送电子邮件、听音乐等。而 3G 通信技术的出现，使手机能够传输语音、视频等数据，手机进入网络时代。2007 年，苹果公司推出了第一代 iPhone 手机，随后又推出了应用 3G 通信技术的 iPhone 3G。这两款触屏手机推动了手机屏幕的革新，传统龙头企业诺基亚公司衰落。对于使用者而言，手机不再是单纯的通信工具，而是承载移动应用、增值服务等的多功能信息平台和娱乐平台。随着 4G 技术和 5G 技术的发展，以华为、小米、苹果、魅族为代表的移动手机厂商挤占了中国手机市场，国产手机厂商崛起，并紧跟技术潮流推出相应的 4G 手机和 5G 手机。手机生产技术的提高和产量的增加使得手机走入寻常百姓家。此外，随着手机用户对数据业务体验要求升级，移动、联通、电信三大运营商从 3G 时代网络制式的各自为政转变为 4G 时代的 TDD-LTE 和 FDD-LTE 网络制式统一化，手机也从运营商定制版过渡到全网通，在一定程度上打破了不同企业间移动通信技术的隔阂。

艾媒咨询数据显示，我国会在 2020—2023 年出现 5G 手机的换机潮。较之以往的手机，5G 手机的网速更快、通信信号更强、延时性低。可以说，移动终端始终朝着智能化和便携化的方向前进。随着手机的进一步发展，应用处理器、摄像头、音视频解码芯片、传感器等终端硬件不断优化。5G 手机强大的高速数据网络接入能力、丰富的人机交互页面和 PC 级的处理能力支持手机用户使用多种数据传输要求高的应用服务，升级了用户的使用体验，再次缓和了语音、视频的卡顿与延时问题。这无疑引发了终端应用的传播模式变革、移动交互体验的升级和网络产业商业模式的创新，也带动了依附于移动终端的网络企业的发展。移动终端用户能够轻而易举地进入和退出网络平台，可以自由地选择符合自身偏好的应用软件，可以根据自己的使用感受对应用软件提出改进升级的要求。

（二）摄像机

在网络直播平台，UGC 是最主要的内容生产方式。但是大量用户涌入，使得网络直播平台的用户生产内容过载，用户无法一一浏览海量的内容，因此，对内容进行个性化的筛选成为必要举措，优质内容成为用户关注的重点。在流量和资本的驱动下，PGC 迅速崛起，部分用户优化自身的内容生产模式，头部主播逐步形成。在一场专业程度高的网络直播中，主播面貌和直播场景给予用户最为直观的感受。优化直播的视觉体验的关键在于摄像机。纵观摄像机的发展历程，大致可以划分为启蒙时期、电子摄像时期、磁录摄像时期和数码摄像时期。20 世纪初，科学家受卢米埃尔电影技术的启发，研究出了光电感光成像技术，代替了胶片感光成像，摄像机得以连续记录影像画面。随着物理学和电子管产品的发展，科学家研究出了光电摄像管，使得摄像机能够对现实存在的实体对象进行实时拍摄，并且输出视频影像。到了 20 世纪中后期，磁性记录材料技术成熟，摄像机的拍摄和存储功能完善，实现了从单一的摄取到摄录的升级，为现在的数码摄像技术打下了坚实的基础。20世纪末，摄像技术进入以数字编码的形式记录和存储影像的数码时代，视频内容能够迅速地被存储在电脑硬盘或软件中。同时，得益于数码摄像技术的成熟和广泛应用，各类摄像机涌现，制作成本和售价大幅降低，走入寻常百姓家。随着摄像机应用的推广和技术的创新，摄像不再局限于电影行业，而是延伸到社会的方方面面，如视频摄像、数码相机摄像、交通监控摄像、直播摄像、手机摄像等，这都推动着摄像的大众化发展。

在网络直播中，电脑网页端直播多采用外置摄像头，手机端直播则主要使用手机自带的摄像功能。专业直播团队一般采用专业的摄像机进行直播。专业的摄像机能够保证在摄像端输出较高清的视频，可以进行大场景直播，在直播画面稳定且低延迟时提供辅助美颜功能。为了实现视频的高质量输出，还需要配备相应的视频编码器。编码器的网络可以根据网络条件而定，如有线网络、无线网络、4G和5G。在摄像机、视频编码器和网络技术的共同作用下，主播将高清视频传输推流到直播平台，而直播后台则实时将摄像机摄录的内容传输到各终端用户的设备，在一定程度上保证了用户的直播画面质量。目前，摄像机行业已聚集了索尼、海康威视、宇视、英飞等多个厂商，为专业化直播提供了广阔的市场选择。摄像画面的分辨率也不断提升。其中，4K的高清网络摄像机画面分辨率可达到3 840×2 160。与以往的画质相比，它的垂直分辨率更高，画面呈现更富有层次感，色彩层次更鲜明，使得整体画面更加清晰，给人以身临其境的感觉。随着6K和8K高清网络摄像机技术的应用，网络直播的视频质量会进一步提升，带给用户更好的直播收看体验。

（三）声卡

直播的视频画面质量直接影响用户观看直播的视觉感受，而直播的音频质量则影响用户观看直播的听觉感受，也是影响整体直播质量的重要因素。主播团队一般通过直播声卡产品提升直播的音频质量。直播声卡是指能够对直播中的声音信号进行实时处理和输出的硬件设备。随着技术的革新，声卡已成为专业直播团队常用的智能硬件设备之一。20世纪末，电脑的应用逐渐广泛化，电脑声卡也随之诞生。1996年，英特尔等厂商生产出了应用于电脑音频信号转换输出的AC'97标准声卡，进入了电脑主板集成声卡阶段。21世纪初，声卡产业迎来产品革新，ISA、PCI-E、PCI等插槽声卡代替了原来的电脑主板集成声卡，使音频的输出精度等多个方面有了显著的提升。同时，随着USB技术的发展，声卡厂商推出了有更佳音质表现的USB电脑外置声卡。USB电脑外置声卡拥有独立的音频控制芯片，但其缺点是对中央处理器和带宽系统的设备要求较高。在移动互联时代，移动终端及依附在终端上的医用软件刺激了手机声卡的发展，尤其是短视频、直播、有声书等应用程序的崛起。2015年，森然推出了全球手机直播声卡，声卡产业进入手机直播声卡竞争阶段。目前，在独立的音频控制芯片和数字音频处理器（DSP）的支持下，手机直播声卡能够为手机、iPad等各种移动设备提供优质的音频服务。

随着直播平台的音效优化、音质保真等需求的扩大，2015年后森然等厂商抢先布局直播声卡开发，现阶段森然、得胜、客所思、艾肯等知名厂商形成了显著的领跑态势。接下来，声卡行业将在技术方面展开深度竞争，致力于音效转化、音质保证等层面上的底层芯片和核心算法的革新。此外，直播声卡还在市场营销、用户体验方面展开竞争，推动市场产品迭代更新，并继续围绕用户需求，持续升级声卡的功能损耗、续航等多方面性能。根据声卡应用场景的不同，直播声卡还可以分为专业声卡、键盘声卡及手机声卡，产品朝着细分化方向发展。基于产品应用场景的不同，与之相配套的技术参考标准、价格等方面也呈现出分层化的特点。在应用场景上，传统声卡相对单一，且对电脑网页端的中央处理器配置、音频数据传输、电源等多方面有较高的质量要求。但随着移动直播场景向纵深发展，声卡已使用独立的微控制单元（micro control unit，MCU）、独立按键操作、DSP等，操作模式便捷化，与直播场景的适配性强。声卡提供话筒、耳麦、伴奏等音频接口，在复杂音效算法下能够提供音效增强、变音、特色音效等多种音效功能和互动效果，且拥有智能降噪功能，智能调节音质音效，音效体验好。主播可以根据自身需要进行个性化连接，并根据场景设置不同的音效及定制个性化的音效。未来直播行业的发展仍会带动声卡产业链的完善和产品的发展，声卡行业将朝着规范化方向发展，并反作用于直播行业。

第三节 网络直播的主体特征

作为新兴的社交媒介，网络直播将用户接入平台所搭建的网络空间，用户借助平台所提供的关注、分享、评论、拍摄等功能持续地输出和传播信息。原本孤立的用户进入复杂的社交网中，构建了新的虚拟社交空间，并推动着网络直播平台内容产业的发展。在这一虚拟空间，参与者与内容互相塑造，各有特色。本节将围绕网络直播的内容及参与者的主体特征进行讨论。

一、直播内容产品的特征

（一）实时性

传统媒体在内容生产方面一直重视内容的时效性和信息传播的及时性，尤其是以新闻为主要内容的报纸。但受到运输能力的限制，纸媒在信息传播的时效性方面始终比较弱。而微信、微博等新媒体的确打破了传统媒体的信息传播桎梏，用户可以即时发布信息，感受到信息传输的同步性，实现跨时空交流。但这更多地集中在图文的实时传播。在直播平台中，直播间的主播与用户之间的互动交流构成了直播的内容，使新媒体的实时性朝着音视频同步的方向发展，呈现出面对面的虚拟在场景象，接近于现实生活中的面对面交谈。也就是说，网络直播内容产品具有超距性，即是对以往人际交往互动范围的再拓展和超越。

在网络直播中，主播一般会事先确定直播主题，保证直播内容的逻辑性。直播平台进行数据推送后，用户自行筛选，选择自己感兴趣的直播主题，进入直播间。在直播间，主播和观看用户围绕直播主题进行内容生产，直播间的火爆进而吸引越来越多的用户参与直播内容生产，主播和大量用户被集中在同一空间。这里的空间不是地理意义上的空间，而是同一时间线上所有用户被拉入的同一虚拟空间。不同地域的用户在同一时间点聚集于直播间，实现了时间的空间化。同时，进入直播间的用户暂时脱离了信息超载的困境，在直播时间内将视线和注意力集中在主播和用户互动上，在一定程度上无视了其他空间的内容信息及用户。在参与直播的过程中，用户不断地获取碎片化信息，音视频的动态化和字幕的滚动营造了一种现实在场的即视感和同步感。

在线直播凭借通信技术及其他互联网技术实现了音视频的即时传播，使人们的交往范围不受地域的桎梏，在线交往呈现出鲜明的跨时空特点和全球化趋势，空间被肢解，时间的重要性凸显。在线直播为人们提供了一条了解世界的新路径，即通过串联跨时空的地点，实时感受世界的人与事，丰富自己的知识，更新自己的认知结构。用户可以在直播间游览其他城市和感受其他地方的民俗风情，也可以观看现场音乐会、游戏竞技赛等。直播所营造的临场感使人们对时空的感知出现了偏差，带来了社会现象认知和社会关系的改变。

（二）交互性

人是社会化的动物，交互是贯穿人们生命始终的社会要素。在移动互联时代新媒体所构建的社交网络中，分享、评论和转发的交互传播行为是人们在虚拟空间互动的功能助手。网络直播平台也不例外。

一方面，与以往的新媒体所构建的社交网络不同，网络直播平台所构建的是强音视频属性的审美性社交网络。其社交关系的特征不是强互动社交模式下的人际交流，而是弱互动社交模式下的内容生产和趣缘群体部落。直播用户的关系建构是通过基于自身兴趣的内容选择机制而开展的交互行为来搭建的，用户对直播内容有兴趣是关系建构的关键。这种交互行为是陌生人聚集环境中的一种匿名社交模式，与现实世界的人际交往很不同。在直播间，主播与用户之间、用户与用户之间的交流本质上是一种互动交流的空间移位。根据实时直播情况、互动用户所表达的需求，主播实时调整直播内容，摆脱剧本化的机械演播感，及时关注用户的反馈，掌握直播的节奏；而用户则对直播内容进行即时评论，分享自己的观感。用户间围绕直播内容和其他用户的评论展开充分的互动，使网络直播摆脱传统直播的单向输出、缺乏互动性问题。网络直播不设定直播细节而只提供直播大纲的方式，大大削弱了表演的虚假感，使原本单方的演出变成平台各主体的充分互动、协作内容生产。在这一互动过程中，参与者获得了互动的满足感和主体性，继而不断构建自我认同感。

另一方面，网络直播重塑了人与人的关系。在交互化过程中，直播中的参与主体都在以潜移默化的方式重新构建对自我、他者及彼此的关系的认知。与传统直播模式不同，网络直播摆脱地域的限制，将不在同一地理位置的孤立用户带入同一个相对封闭的虚拟空间，构成了具有排他性的直播场景。在这一过程中，用户通过直播平台所提供的功能逐步构建起一个网络中的自我形象，并以这一形象与其他用户、主播交流。在各个参与主体的互动中，网络直播平台形成了一个虚拟的世界。这也就形成了直播、交互、调整、再交互和再调整的互动链条，用户的主体性地位提高，人与人的关系随之而改变。

需要强调的是，直播平台的互动是基于社交的实时互动，而一切互动都是以直播内容为核心的，即互动的特点是对直播内容的反馈。互动是网络直播存在和发展的关键。可以说，在交互的过程中，主播、用户和平台都在以自己的方式实现自我认同和关系构建，获得有形的利益或无形的满足感。因此，网络直播才能在微信、微博、哔哩哔哩等新媒体独占鳌头的时候，闯出自己的一片生存天地，并不断挤占其他新媒体的生存空间。交互性的满足始终是网络直播生存发展的关键。

（三）文化多元性

网络直播平台是包容开放的平台，其生产的内容复杂多元。在平台上，主播团队根据团队能力、受众需求等因素确定直播间主题，如游戏、音乐、财经、医疗等，并可以继续细化某一具体主题，形成自己的直播间特色。用户进入直播平台后，面对海量的直播内容，往往会进行个性化的筛选。这个筛选不是盲目的，一般是根据自己的个性需求，如兴趣爱好、知识需求、娱乐需求等。具有相同需求的用户聚集到特定的直播间，构成了在直播间的趣缘群体社区。在进入直播间前，用户大多与主播和其他用户没有任何关系，是相对独立的个体，已经形成自己的认知体系。用户的认知体系会影响用户的认知行为、信息处理过程、心理反应等。也就是说，人的行为无法脱离自身的认知结构及所处的特定文化系统。认知结构也或多或少地影响直播间用户的内容生产及互动行为。当众多相对独立的用户以自身的认知体系来影响直播内容及交互行为时，主播及用户身上所展现的特质文化以交互的形式交融，主播和用户对各自的认知体系进行再加工，进而调整自己的文化结构。这是因为认知文化具有可塑性。处于直播的虚拟社交空间中，用户充分发挥自己的主观能动性，接触直播间的内容，再结合直播间的传播语境，对信息进行选择、加工、传播、接收和再反馈，形成一个信息内化的过程，从而对直播间的文化产生自适应性，推动认知文化和传播文化的有机融合。因此，主播与用户都在无意识地输出自己的认知文化，呈现多元文化并存和交融的社交互动场景。

此外，在线直播所构建的社交互动方式是对原来的人际互动交往手段的超越。在传统的社交环境中，人们所采用的交往手段多为面对面的口语化交谈、依附于纸媒的文字和图画等。无论这些交往手段是单用还是混用，社交关系都显得单薄。可是在网络直播中，主播与用户之间、用户与用户之间的互动能够通过文字、符号、动图、声音、视频等元素，以及评论、私信等方式向直播间的关注者表达自我，多元化的表达方式使得互动能够以综合性文本形式进行，内容的层次化、丰富化达到了新的高度。在这种表达文本中，主播与用户逐步形成了该虚拟社交空间所特有的话语体系，有别于其他直播所建构的虚拟空间。在这种话语体系的加速催化下，各参与主体调整直播内容，重塑彼此的关系，产生了集文化共性和文化个性于一体的新小众文化。多个直播空间的差异化发展逐渐演化出同一直播平台的多种文化共存。

直播参与者所表露出来的话语、符号、文本等具有明显的文化特质。主播和用户都在以互动的形式表露自己所代表的文化特质，实现了不同生活环境和文化观念的碰撞融合。这些互动行为都不具有可复制性和一致性，直播内容产品成为包容多元文化的产品。同时，直播间所塑造的新的文化特质又成为一个相对独立的文化产品，汇集多种文化产品的直播平台也就呈现出多元文化特质。

（四）表达去仪式性

在网络直播平台中，用户群体的社交场所不是从现实的集体公共空间跳跃到开放式的虚拟集体公共空间，而是从现实的集体公共空间跳跃到半开放式的小型群体对话空间，从时空同在但分割化的现实空间转向时空压缩的网络空间。主播和用户都借助网络直播平台所塑造的虚拟空间进行展演，重塑自己的个人特质，进行参与式内容生产。这也就表现出网络直播内容具有表达去仪式性的特点。这里的表达去仪式性是指空间场所上的去仪式性。它不同于以往的电视直播，在这里用户可以身处现实中的任一场所接收和表达直播信息，不需要将自己固定在某一场景中，如电视直播往往将观看者束缚在家庭式的客厅，电视直播与客厅被联结起来，成了观看直播的仪式化场所。在网络直播平台中，接收直播信息的用户的终端移动化就为用户观看网络直播提供了场景的多元化选择。用户可以在饭店观看直播，可以在客厅观看直播，也可以在床上观看直播。直播可以与饭店、客厅、卧室等诸多场景联结起来，没有任何空间限制。这是因为网络直播平台借助互联网技术将观看直播的用户直接连接到直播间的特殊虚拟对话空间，用户群体已经在网络世界处于同一空间，而在现实生活中是否处于同一空间已不重要。直播与场景由固定化向非固定化的转变，实际上是网络直播对电视直播等传统直播方式施加的空间性束缚的反抗，最终表现为空间意义上的表达去仪式性。

除了空间意义上的表达去仪式性外，表达去仪式性还有另一层含义。直播所构建的虚拟空间的内容生产离不开参与直播的各个主体，即网络直播的内容是在各参与主体互动的过程中产生的。一方面，网络主播通过直播间的封面设计、直播语言等不断向所有参与用户进行一对多的信息传播。这些内容都汇聚了主播及主播团队把握直播用户需求的精神成果，用来吸引用户跨时空与主播互动。可是这并不意味着主播及主播团队所设计的内容是程序化的脚本，或者直播需要按部就班地进行。实际上，网络直播的开放性和互动性使主播无法设定传统电视直播的程序化脚本。另一方面，用户在接收主播和其他用户的信息的过程中往往也不断地生产与直播相关的信息，共同组构起直播内容。网络直播为用户提供了实时参与直播内容生产的机会,也就能够随时打乱主播预想的脚本,使原本有套路的直播变得没有套路。但直播的内容生产不是随意的,它受到不主动参与但对内容有所管制的直播平台的影响。平台依靠技术及时剔除对身心健康有害、违法的直播内容,以平台限制信息发布的方式粗略把控直播内容。也就是说,在直播平台的内容管制下,网络主播在按既定的主题对直播内容进行推动性生产时,用户也在影响着主播对内容的实时生产,使有脚本的直播朝着无脚本生产方向发展。主播和用户都难以预料对方会输出什么信息,直播的不确定性增强,表达的仪式性大大削弱。

二、网络直播参与者的特征

(一) 直播平台的特征

网络直播行业发展得如火如荼的时候,内容质量参差不齐、违法擦边球行为增多等问题凸显,平台治理刻不容缓,政府也出台了一系列政策着手规范网络直播平台。但政府无法实时监管、事事监管,需要更多主体参与到平台监管行动中来,平台也是参与的主体之一。国家规定直播平台应当主动承担平台监管责任,担任服务商和看门人的角色。平台的监管责任包括积极责任和消极责任。一方面,网络直播平台作为新内容生产场所,提供用户和主播内容生产服务,但直播内容的生产不一定是有序的。如果平台没有完善内容生产功能,则很可能造成内容生产阻塞;如果平台没有对内容生产明确白名单和黑名单,用户和主播可以肆意生产自己想生产的内容,就可能造成不健康、违法内容的泛滥,内容生产也就成为滋养犯罪行为的温床,与平台建设的初衷相违背。这就要求网络直播平台承担义务性责任。在义务性责任下,直播平台需要对参与直播的主体进行事前身份审查登记,确保主体的合法性和责任的可追溯性,还需要对内容进行审查监测,接收到用户的投诉信后进行事后审查,及时发布阻断报告,维持平台健康稳定运营。另一方面,平台的监管避免不了疏漏,这就需要政府督促平台加强监管,否则处以警告、罚款、吊销许可证等行政处罚。此时,平台承担消极责任,配合相关政府部门对平台内部的违法行为进行处理。

除了服务商和看门人的特性外,平台还表现出新舆论场所的特点。网络直播平台向大众提供社交化的视频互动功能，各参与主体可以围绕议题展开深入讨论，并在不断的社会互动中形成对自我的认知。这些网络直播通过视觉营造、对话等互动方式，持续性地强化主播和用户之间的群体性情感，以产生强大的情感共鸣。这就使得用户容易受到群体情感的影响，甚至脱离直播间、跨越媒介平台发表针对某一议题的观点和见解。如果该议题为某些引爆性的社会公共事件，这种信息的跨直播间和跨媒介传播往往会促使民间舆论场景的生成，并在舆论产生的过程中使更多用户卷入舆论场中，使得舆论影响力扩大。平台在舆论形成和壮大的过程中提供用户围绕议题讨论的服务，扮演新兴舆论场所的角色，提供虚拟的社交场景，产生深度嵌入的互动效应，一步步强化舆论话语的传播能力。实际上，网络直播平台不是舆论生成的旁观者，而是直接参与了舆论对话过程，创造了新的舆论场景模式。

（二）**主播的特征**

在传统电视直播中，主播往往特指新闻主播，而随着新媒介的发展，新闻主播的发声空间迅速拓展，如央视推出的《主播说联播》。尽管新闻主播的内涵在更新，但主播仍主要指新闻主播。网络直播的发展带来了主播概念的泛化，主播更多地指原生于互联网平台和移动端的网络主播。他们不具有电视广播的主持人身份，只是纯粹通过网络直播平台与受众进行即兴实时的互动交流。主播的含义从新闻主播过渡到网络主播，实现了直播从广播电视到网络世界的转向。这也使得网络主播的特征发生了变化。

网络主播消解了主播概念的主流话语特性，逐步显现出平民话语特性。第一，网络直播平台不同于书报刊等传统媒体，准入门槛低，信息发布的难度低，主体限制几近于无，大众化趋势更强，主播可以将自己的故事、情感、观点发布出去，直播的内容更具有生活气息，亲和力更强。这是因为主播为获得更多的流量，往往深入了解用户的偏好和关注点，采用用户常用的话语体系来生产内容，以满足用户需求来换取自身价值的提升。这也就使得网络主播具有平民化的特质。第二，网络主播还承担着直播社交空间中用户与用户关联的中介角色。在直播过程中，用户被主播传输的内容吸引，并主动与主播互动，如发表观点、打赏主播等，以此来满足自身的心理需求。同时，主播与用户、用户与用户之间还不间断地围绕主播设定的议题进行讨论。直播的内容是串联起用户群体与主播的核心，由内容所产生的互动行为构建起虚拟社交空间，而主播则是虚拟社交空间的中心人物，起到内容生产的引导作用。如果失去网络主播的引导，直播间的内容生产很可能出现直播主题的偏移，导致内容生产的无序化问题。

第三，主播之所以能够靠直播聚集用户，是因为自身的人格魅力和综合能力，具体表现为主播的内在修养、外在形象、语言表达、知识水平等。一个主播要想长远发展，就必须源源不断地输出高质量内容来维持和聚集用户。这就要求主播要有较高的知识水平和通过持续性学习来拓宽知识面，来保证直播主题和主播输出内容的质量，直切用户需求。而主播拥有较强的语言表达技巧则能保证高质量内容的有效输出，避免主播话语与用户话语无法衔接，也提高了互动生产内容的质量，使得直播间的内容不违反法律法规，不打法律擦边球。此外，直播是一个集音觉和视觉体验为一体的综合性社交场所，主播的形象也影响用户参与直播的内容体验和心理体验。优秀的主播往往从妆容、服装等外在细节方面入手，使自身符合直播间风格。总的来说，在网络直播平台中，主播不需要做社会主流思想的发言人，而是更关注用户的需求，更习惯应用口语化的语言，平民化特性凸显。

（三）直播受众的特征

在网络直播中，直播受众的群体认同需求激增。网络直播将用户从原来的社群中剥离出来，重新置于新的社交场所。失去了原有身份与社交联系的用户亟须通过互动交往来补充社交关系的缺失。网络直播提供用户自主发言的服务，用户的自主权增强，同时承担信息的生产者和传播者的角色。网络直播能够连接不同地域、不同社会背景下具有相似需求的用户，用户在匿名状态下获得平等感，更愿意展示真实的想法，对身份认同的渴望更加强烈。直播间所形成的网络社群内的主体往往具有相同的兴趣爱好，在一定程度上强化了对用户身份的认可。同时，在直播内容的持续生产过程中，直播受众势必要对网络社群进行筛选。用户若成为某一社群的固定成员或主播的粉丝，就会从侧面反映出网络主播身上有吸引他们的特质，他们与网络社群成员的观念在一定程度上是一致的。受到社群成员的肯定后，用户在虚拟社交空间会建立起新的社交网络，网络社群会更加迅速地发展。直播受众表现为寻求认同的群体特性。

网络直播受众成为民间舆论场的主体。随着新媒体的发展，传统媒体环境中官方主导舆论的情况有所变化，舆论表达空间大大拓宽，用户的信息传播能力和表达能力大大提升，舆论场分化趋势逐步显现出来。在技术赋权下，网络直播用户成为网络直播这一新兴舆论场的意见表达的主要参与者。众多个体围绕同一主题进行个性化表达，完成从舆论的旁观者到参与者的身份转变，助力舆论的生成和发展，以群体性力量影响舆论的走向。由直播受众所主导的舆论与官方的媒体舆论不同，它是自下而上的对社会事务的参与式互动，也是受众群体基于自身的利益诉求对社会公共事务的见解表达。可以说，网络直播为用户提供了一个自由发声的场所，使用户能够对社会相关问题进行公开讨论，并在讨论的过程中形成群体性力量，直播受众因而具有了民间舆论的主体性特点。

第二章 网络直播平台的分类及简介

教学目标：了解网络直播平台的主要分类及依据。掌握娱乐类平台、游戏类平台、购物类平台、会议类平台、体育类平台及其他垂直领域类平台的含义、发展阶段、主体特征、直播特点、代表平台现存问题与发展对策。

教学重难点：各类网络直播平台的分类及代表平台的基本特点；各类网络直播平台的主体特征与直播特点。

网络直播平台是从视频与社交网站演变而来的。学界对于网络直播的分类尚未有统一标准，因此，网络直播平台也没有统一的分类依据。中国互联网络信息中心将网络直播分为游戏直播、真人秀直播、演唱会直播与体育直播。2020 年的第 46 次《中国互联网络发展状况统计报告》将电商直播也纳入统计中进行独立分类。其他数据统计机构如艾媒咨询则将网络直播分为游戏类直播、泛娱乐类直播、垂直类直播及版权类直播。其他网络传播机构还根据直播内容将网络直播分为美女直播、社交直播、会议直播、短视频直播等。由此可见，大部分网络直播的分类仍以直播内容为主要分类标准，且存在着相互交叉与平台融合的趋势，少数以直播属性与特点作为分类依据。本章以传播内容为基础，根据不同直播平台的主营业务与直播视觉要素将网络直播平台分为娱乐类直播平台、游戏类直播平台、购物类直播平台、会议类直播平台、体育类直播平台及其他垂直领域类直播平台。

第一节　娱乐类直播平台

娱乐类直播平台以娱乐为主要直播内容。它是网络直播平台发展初期的重要形态，现今作为重要的直播平台类型活跃于网络中。娱乐类直播平台主要可分为社交类娱乐直播平台与视频类娱乐直播平台。娱乐类直播平台具有典型的娱乐化、移动化、综合化与社交化特征，但在发展中也存在着众多问题，需要行业内部与外部的共同监管。

一、娱乐类直播平台的含义与发展

（一）娱乐类直播平台的定义

娱乐类直播是摒弃传统严肃、紧张的话题，满足人们休闲娱乐需求，并由主播分享轻松有趣的日常生活的直播类型。娱乐类直播平台则是指以这类娱乐内容为主要直播内容的直播平台。公众对娱乐的需求及互联网技术的发展催生了娱乐类直播。娱乐类直播早期被称为"娱乐秀场直播"，主要的娱乐类直播平台主要集中于电脑网页端,以女主播在视频聊天室进行唱歌、跳舞等形式进行,为用户提供打赏、聊天等互动功能,整个娱乐类直播市场低俗、媚俗、庸俗化内容较多,呈现出混乱无序的状态。后期随着政府部门介入后的管控与监管,以及专业性娱乐类直播平台的出现,娱乐类直播平台逐渐规范化且转战移动端,直播内容不再局限于唱歌、跳舞,加入了户外活动、美食、旅游、观影、脱口秀等新形式。现今娱乐类直播平台仍是众多直播平台中的主体,且社会压力与娱乐需求的双重作用使得这一类直播平台的主体趋势逐渐加强。

(二)娱乐类直播平台发展的两个阶段

从早期电脑网页端 9158 视频社区等网络在线秀场的萌生,到中期 YY 直播、映客直播、花椒直播等各类娱乐类移动端的破土而出,再到后期抖音、快手等短视频平台纷纷拓展直播业务,娱乐类直播平台市场呈现激烈的竞争态势。政府将娱乐类直播平台作为重点规范对象,使其逐渐走向规范化。娱乐类直播平台经历了两个发展阶段,每个阶段都有技术、受众偏好、政策发展等方面的变化。

2005—2014 年是娱乐类直播平台发展的早期阶段,电脑网页端秀场直播在娱乐类直播市场中占主体地位。由于是早期摸索阶段,这一时期的娱乐类网络直播平台以借鉴其他国家的经验为主。在中国最先掀起视频直播之风的 9158 视频社区是网络在线秀场的代表性平台。9158 视频社区借鉴韩国在线视频交友平台"十人房"的设置模式,为用户提供在线秀场 KTV,在用户找到 5 个女主播后为其配备电脑、摄像头与麦克风,经平台审核通过后即可投入使用。早期的娱乐类直播平台采用的是"美女经济"模式,随后的 YY 直播与六间房平台同样是以美女主播吸引用户。这类"美女经济"的秀场模式将原本在私人场所进行的着家居服梳头、化妆、跷腿等行为从幕后带到了台前,满足了众人的好奇心与窥视欲,但早期涉黄内容较多。后期这类娱乐类直播平台大多进行了自我转型或拓宽了经营业务。2010—2014 年,娱乐类直播平台纷纷转战移动端,娱乐类直播平台层出不穷,整个娱乐直播行业呈现野蛮生长的状态。

2015 年至今,娱乐类直播平台逐渐走上产业化、规范化的发展之路,用户规模海量增长，新的娱乐类直播平台也在不断涌现，且跨界融合趋势增强，直播玩法不断变化。直播产业在 2016 年全面爆发，吸引了大量资本涌入。仅 2016 年上半年，斗鱼 C 轮融资就获得 15 亿元的投资，哔哩哔哩直播、映客直播也分别得到了 1.5 亿元与 6 800 万元投资。除了产业化速度不断加快，政府对娱乐类直播平台的监管力度也在不断加强。2016 年 9 月，国家新闻出版广电总局下发《关于加强网络视听节目直播服务管理有关问题的通知》，网络直播正式被纳入政府监管的范围。另外，娱乐类直播平台也在积极利用新技术探索娱乐直播新玩法以提高市场竞争力。2016 年 6 月，花椒直播上线 VR 专区，在 4G 网络下进行沉浸式 3D 直播，为直播行业提供了新的可能性。资本与技术的涌入，提高了娱乐直播行业资源整合的效率。2018 年，花椒直播与六间房平台重组。同年，映客直播正式在港交所挂牌交易，成为港交所娱乐直播第一股。从竞争格局上看，2020 年，YY 直播以接近一半的市场占有率成为娱乐直播行业龙头企业，一直播与花椒直播紧随其后，整个行业呈现"一超多强"的局面。

二、娱乐类直播平台的主体特征

（一）娱乐类直播平台的主播特征

在主播的选择上，娱乐类直播平台的"美女经济"模式一直贯穿其整个发展历程，现今众多娱乐类直播平台的主播仍以美女主播为主。近些年在资本的涌入与流量的带动下，许多头部女主播向女网红转变。以映客直播为例，映客直播平台中女主播占绝大多数，其年龄集中在 20—40 岁。直播平台设定不同的气质标签，女主播根据自身的气质相应进行精致打扮。同时，主播利用平台的美颜设置提升自己的视觉美感，总体上仍以视觉刺激为主。当单一的美女视觉刺激不再满足所有受众的需求时，"明星+直播"的形式出现了。花椒直播通过专访明星、请明星当主播、成立明星工作室等多种途径吸引不同领域的明星入驻。这类自带流量的主播无须噱头就能吸引众多粉丝观看。由于门槛低、体量小，大批受众与主播进行身份转换，受众与主播的身份界限模糊，娱乐直播逐渐走向全民创作时代。

（二）娱乐类直播平台的内容特征

在直播内容的种类上，娱乐直播内容主要可分为秀场类、生活类与明星类。早期的娱乐类直播平台以秀场类直播为主，因此直播内容通常为漂亮的女性在镜头前唱歌、跳舞、聊天等，内容单一，受众指向性明显。随着直播受众眼光的不断提高及受众群体范围的不断扩大，娱乐类直播平台纷纷寻求自我转型，由此出现了分享日常休闲生活的美食、萌宠、影视等生活类直播内容，这一时期的直播内容以 UGC 为主，"二八效应"开始逐渐显现。随着资本涌入与技术发展，全民直播时代到来，为吸引受众观看，众多平台纷纷吸引明星入驻，明星类直播内容由此出现。全民直播时代，各类花式直播层出不穷，内容良莠不齐，"剧本化"趋势越发明显，出现了恶搞类、短剧类、社交类甚至是自虐式直播，政府进行监管后，娱乐类直播无组织问题得到解决。受众对直播内容质量要求越来越高，倒逼直播内容逐渐走向规范化、优质化。

（三）娱乐类直播平台的受众特征

在直播的受众上，早期娱乐类直播平台实行单一的美女秀场直播模式，因此男性受众较多，且年轻化趋势明显，付费意愿较强。随着娱乐类直播平台经营业务范围不断扩大，美妆、美食、旅游、户外直播等新形式纷纷出现，吸引了众多女性用户与专业型用户观看，受众仍以年轻化群体为主。娱乐直播受众在根据性别逐渐分化的同时又具有相同偏好，女性受众倾向于观看美妆、吃播、宠物等细分门类的娱乐直播，大批男性受众仍倾向于观看美女类生活直播，但所有受众都喜爱观看搞笑、美食、影视类直播。全民直播时代的到来引发了许多新变化。首先，大批中老年受众在抖音、快手等短视频平台的带领下融入了直播潮流，受众年龄结构改变。其次，海量直播内容使得受众对直播质量要求越来越高，付费意愿降低，倒逼直播平台转变经营策略。最后，大批受众转变为主播，二者界限越发模糊。

三、娱乐类直播平台的直播特点

与同样带有娱乐元素的游戏类、购物类平台相比，以休闲娱乐为主要直播内容的娱乐类直播平台具有许多排他性特征，集中表现为娱乐化、移动化、综合化与社交化四大特征。

（一）娱乐化

娱乐化是娱乐类直播平台最大的特点。娱乐类直播平台最初设立的目的在于满足人们的娱乐消遣需求，强调娱乐性。从受众角度看，受众出于消遣娱乐、放松身心、满足好奇心等动机与目的观看娱乐类直播，带有强烈的娱乐化色彩。从直播产品上看，在商品经济不断发展、社会节奏逐渐加快的背景下，受众逐渐养成数字付费习惯。因为新闻信息的采编与传播在《互联网直播服务管理规定》等相关法律法规中具有明确的规定，其进入门槛较高，未经允许不得私自直播，所以围观他人日常生活、直播演艺作品等娱乐性较强的产品成为直播平台重要的消费内容。

（二）移动化

移动化是娱乐类直播平台的发展趋势。为了顺应移动互联网技术的发展，实现用户随时随地都能观看的目的，各大娱乐类直播平台都将移动端 App 的建设放在战略性地位。早期布局电脑网页端的 YY 直播在 2016 年推出移动端新版本，实现电脑网页端、移动端的双布局。后期成立的花椒直播、映客直播、一直播平台则在一开始就推出移动终端 App。娱乐类直播平台的移动化发展趋势已成为其重要的直播特点之一。

（三）综合化

不同于游戏竞技、购物带货或其他垂直细分领域的直播平台，娱乐休闲方式的多样性、受众需求的多样性，以及采用的 UGC 模式共同决定了娱乐类直播平台内容的丰富性与综合性。广义上的泛娱乐直播平台还包含了细分领域的游戏、购物等直播内容。因此，综合化是指娱乐类直播平台中的内容不局限于某一直播门类，而是囊括了音乐、舞蹈、交友、脱口秀、短视频等多种形式与内容。

（四）社交化

社交化是娱乐类直播平台最主要的特征之一，是指大多数娱乐类直播平台在延续传统美女秀场直播的基础上打造社交交友类直播平台。娱乐类直播平台的受众年轻化趋势明显，以专业化社交平台映客直播为例，映客直播的广告语为"遇见美好的TA"，平台内设置的音乐、舞蹈、派对直播都有主播邀请合唱、聊天互动、申请连麦等功能，除此之外，平台还设有交友板块，以发动态的公共频道动态广场及定位系统——"附近的人"为主要设置板块。这类社交直播软件在功能设置方面与陌陌、探探、Soul等交友平台如出一辙，社交化属性极强。此外，花椒直播、六间房、YY直播、KK直播，以及抖音、快手等平台都在直播中设置了较为完整的交友渠道。

四、娱乐类直播平台的代表平台

根据直播平台的主营业务，娱乐类直播平台大致可分为两类：一是以花椒直播、映客直播、一直播、YY直播为代表的社交类娱乐直播平台；二是以抖音、快手及哔哩哔哩为代表的视频类娱乐直播平台。前者作为专业类网络直播平台，将娱乐直播内容作为主营业务，具有专而细的特征；后者以短视频为主营业务，将娱乐直播作为其中一个细分领域进行布局，由于具有强大的数据流量基础，在整个直播领域获得用户流量优势。两类娱乐类直播平台在盈利模式、经营业务及特色上具有较大的差异。

（一）社交类娱乐直播平台

社交类娱乐直播平台作为以内容运营为主的直播平台，将自身的娱乐市场精确定位到年轻人群的社交需求上。从娱乐直播的内容与形式看，这类直播平台仍以传统的美女秀场直播为主，以"美女经济"作为经营策略。除了已经出道或签约至其他音乐、娱乐制作公司的明星主播外，平台培养的头部娱乐主播多为高颜值、年轻的美女主播。同时，随着女性社会地位的逐渐提高，以及观看与被观看角色的有限对调，大多数娱乐直播平台开设了"男神"专区。在盈利模式上，大多数平台仍以从主播的打赏中抽成为主，同时在首页或热门直播间投放广告，将来自会员的增值服务费作为重要的盈利来源。具体见表2-1。

表 2-1 社交类娱乐直播代表性平台

平台	平台属性	头部娱乐主播	娱乐直播内容	盈利模式	用户群体
花椒	社交+内容	"琳达小姐姐吖""悦悦……""泰缘吉祥—老外""没毛病"	舞蹈、音乐、脱口秀、户外、游戏、"男神"	主播分成+广告费+流量	中青年人群
映客	社交+内容	"【星诉】七零""娱乐""飞宝""小抖抖"	脱口秀、舞蹈、校园、电台、"男神"、音乐、星秀、户外、派对	主播分成+广告费+流量+会员增值费	中青年人群
一直播	内容	"颜宇阿~""可乐乐""陈牌牌"	音乐、网红、时尚	主播分成+广告费+流量	中青年人群

（二）视频类娱乐直播平台

视频类娱乐直播平台具有极强的社交属性，具有流量大和活跃度高的平台市场竞争优势。以抖音为例，抖音自2018年上线直播板块以来，其带货直播与秀场直播创造了极高的收益。除了基本的主播打赏"音浪币"抽成外，抖音还可以通过"星图达人接单"进行抽成。较高的广告费与坑位费也是抖音娱乐直播的重要盈利来源。快手与抖音的直播内容和盈利模式相似，更偏向于带货直播，其流量与广告坑位费比抖音略低。与短视频娱乐直播平台相异，哔哩哔哩作为集聚各类细分圈层中青年人的视频平台，其娱乐直播内容较为广泛，且不同于传统秀场直播模式，户外、美食等日常类视频较多，传统歌舞类直播不限于室内，质量较高。具体见表2-2。

表 2-2 视频类娱乐直播代表性平台

平台	平台属性	主营业务	头部主播	娱乐直播内容	盈利模式	用户群体
抖音	内容	短视频+直播	"楚宝宝""诗语""小99"	秀场直播、带货直播	服务费+广告费+坑位费	全年龄

续表

平台	平台属性	主营业务	头部主播	娱乐直播内容	盈利模式	用户群体
快手	社交+内容	短视频+直播	"辛有志辛巴818""散打哥的9帅被水泡""白小白"	带货直播、游戏直播、娱乐直播	广告费	全年龄
哔哩哔哩	内容	视频+游戏+社交+直播	"老番茄""敬汉卿""机智的党妹"	美食、萌宠、时尚、影音馆、视频唱见、视频聊天、舞见、户外、日常	服务费+广告费+坑位费+大会员增值服务	中青年群体，以年轻人为主

五、娱乐类直播平台的现存问题与发展对策

移动互联网时代为"全民直播"提供了可能，为具有优质内容选题却无宣传渠道的广大草根阶层带来了站在镜头前的机会。技术门槛的降低对传播渠道与传播内容提出了较高的要求。网络直播自2016年爆发至今热度逐渐降低，在取得更大的突破与自我革新前，还面临着过度娱乐化、内容低俗化及同质化等问题。而作为娱乐先锋的娱乐类直播平台更是内容质量较差的"重灾区"。

（一）娱乐类直播平台的现存问题

1. 媚俗化

娱乐直播平台的设立初衷在于为生活在快节奏时代的当代"社畜"提供放松身心、消遣娱乐的渠道。但随着直播平台陷入白热化竞争，一些直播平台为了赢得市场竞争，用一些消费女性、违规、恶俗等违反公序良俗的内容博眼球。一些主播为了获取关注，做出辱骂、自虐、虐杀动物、恶搞、侮辱异性、损坏公物等行为，严重超出娱乐范畴，在法律底线与道德底线边缘不断试探。为博眼球的媚俗行为将低俗高雅化、将无耻崇高化、将暴力趣味化，良莠不齐的直播内容不仅影响娱乐类直播平台的社会声誉，还直接波及娱乐直播行业的社会口碑与未来发展方向。娱乐直播畸形

繁荣是一种以经济效益和廉价宣传效益为导向的文化制造，在很大程度上挑战着社会的公序良俗。

2. 低俗化

娱乐直播平台作为直播平台早期发展的重要代表平台，主打美女秀场模式。这一模式几乎都以面容姣好的女主播在镜头前表演或聊天为主。随着全民直播时代的到来、技术门槛的降低，大批水平参差不齐的草根阶层涌入主播行业，使得平台内主播竞争越发激烈。为吸引用户关注，不少主播通过打色情擦边球的方式获得流量，如女主播穿着暴露、故意走光或进行言语挑逗，聊一些具有"性暗示"的话语。除色情内容外，还有许多主播在直播过程中与发弹幕的用户互相谩骂，甚至出现暴力行为。这类色情、暴力等低俗化直播内容破坏社会风气。

3. 同质化

除综合性较强且有一定用户内容制作基础的娱乐类直播平台外，大多数社交类娱乐直播平台都存在内容同质化、垃圾信息泛滥的问题。例如，映客直播、花椒直播、YY直播、一直播的网页端与移动端的主页都是对大眼睛、尖下巴、高鼻梁、肤白腿长且穿着较为暴露的美女主播热舞与唱歌的推荐。大多数专业类娱乐直播平台仅有脱口秀、音乐、舞蹈、户外板块，而在音乐、舞蹈直播板块，大多数主播并非专业歌手或舞者，唱歌与跳舞水平参差不齐。同质化的主播特征与"套路化"的直播内容易让用户失去观看兴趣，用户留存度降低，不利于平台的长期发展，且垃圾信息的批量传播也不利于社会发展。

（二）娱乐类直播平台的发展对策

1. 加强监管

不同媒介的传播内容都需要把关，有效的监管不仅能约束传播主体不当的传播行为，对于媒介的受众来说也是一种负责任的表现，网络直播的健康持续发展离不开"把关人"的监管。网络直播是一种新的媒介形式，对于整个行业来说，政府相关部门除了需要为其创造有利的政策环境之外，还需要制定一系列的行业标准与准入规则，这样才能保证网络直播绿色发展，减少网络直播中的低俗内容。网络直播平台和演艺经纪公司一定要遵守行业规范，加强行业自律，对主播进行实名认证，加强主播的筛选工作，避免因部分低素质的主播进入行业而造成不良的社会影响；充分利用人工和技术手段对直播内容进行监督和审查，一旦发现低俗内容立马关停直播，并建立相应的惩罚制度；理性对待市场竞争，建立公平透明的行业规范，杜绝数据造假和恶性竞争。网络主播和用户一定要提升自身的媒介素养，在直播和互动过程中避免使用粗俗、暴力的语言，共同营造文明健康的网络直播环境。

2. 创新业态

"人口红利"的消失，加大了各大娱乐类直播平台争夺优质内容资源的力度，而在主打"美女经济"与视觉刺激的娱乐直播领域，直播内容大同小异、水平参差不齐，且头部主播与头部平台已积累了一部分固定用户。因此，为实现可持续发展，各大娱乐类直播平台应始终遵循"内容为王"的原则，借助自身最具优势的板块，深耕垂直领域，突破同质化瓶颈，实现差异化发展。例如，娱乐类直播平台可寻求与电视、网络视频平台的合作，以赞助商的形式进行宣传推广，或者直接将直播平台作为电视、网络视频的内容分发窗口之一，直接参与内容的分发，增加平台的宣传力度与曝光度。另外，为摆脱社会大众贴上的"低俗""媚俗"等标签，平台运营方可结合社会热点与公益事件，积极承担社会责任。例如，在新冠肺炎疫情期间，直播平台让平台头部主播参与到宣传工作中，将相关疫情提醒以日常化和更易记住的方式向受众普及。

现今，娱乐类直播平台已经成为直播行业较为饱和的细分品类之一，YY 直播、一直播、花椒直播、映客直播等已经占据了绝大部分市场份额。因此，中小型娱乐类直播平台为实现夹缝中生存，必须走差异化发展道路，精准定位用户的演唱会、真人秀、商务等需求，培养需求集中的付费用户。网络直播深挖垂直领域是重要趋势。

第二节　游戏类直播平台

游戏类直播平台以游戏为主要直播内容。基于直播内容为游戏这一重要特征，游戏类直播平台具有众多不同于其他直播平台的特点。随着网游、手游的普及，游戏类直播平台呈现出前所未有的发展潜力，具有极强的产业化、多元化与全球化特征。专业类游戏直播平台与视频类游戏直播平台发展势头都十分强劲，是网络直播平台中极具发展潜力的重要直播品类。

一、游戏类直播平台的含义与市场现状

（一）游戏类直播平台的含义

游戏直播是指主播实时解说网络游戏或电子竞技比赛的视频内容，而游戏类直播平台则是指以游戏为主要直播内容的网络直播平台。作为以P2P流媒体技术为主要技术支撑的网络直播平台，游戏类直播平台依托于互联网运营商的管理专口，为用户提供观看游戏转播或直播服务，主播通过设立网络虚拟房间向用户进行游戏直播，同时与用户进行在线交流。游戏直播平台会在用户观看直播前对用户进行实名认证并制定一系列观看规则，直播结束后，游戏直播平台也会存储相关游戏视频，或以录播的方式向用户进行播放。游戏类直播平台作为我国网络直播的先行者，已有近20年的发展史，而早期游戏视频平台NeoTV与腾讯电竞运动会（Tencent Global E-sports Arena，TGA）的诞生也已有10多年的历史。经过多年发展，游戏直播已成为网络直播中发展潜力最大的板块。

（二）游戏类直播平台发展的三个阶段

电子竞技与网络游戏具有相融共生的关系。电子竞技重在"竞技"二字，强调电竞选手的体育对抗，且有统一的规则与比赛时间，选手参与的方式为局域网联网，而非现今盛行的互联网联网。我国网络游戏直播平台

的起源最早可追溯到电子竞技运动平台的产生。从早期电子竞技活动直播或转播为网络游戏直播拉开市场口子，到中期游戏直播平台独立成型，再到后期行业集中度不断加强形成"鱼虎领航，两超多强"的市场竞争格局，游戏类直播平台的发展可分为三个阶段。

1. 探索期

2003—2011年是游戏类直播平台发展的探索期。2003年，电视媒体上开始出现电子竞技内容的转播节目《电子竞技世界》，虽然第二年被禁播，但电子竞技相关概念已得到重视并广泛传播，为电子竞技平台与游戏类直播平台的出现打下基础。2003—2006年，整个电子竞技市场处于空白状态，2006年，我国NeoTV电子竞技直播网站的诞生逐渐使电子竞技活动从电视媒体转向视频点播网站，突破了政策限制，寻求游戏直播发展的空间。NeoTV自行制作游戏节目进行直播，同时也对国内外重要的电子竞技赛事进行转播。2010年，腾讯也创建了TGA，致力于游戏解说与选手培育。至此，随着电子竞技的发展，网络游戏直播平台已逐渐探索出一个视频网站与语音系统相结合的直播系统。但此时电子竞技和网络游戏直播的传播辐射仍然局限于电子竞技与网络游戏圈层，节目形式也以"直播解说+转播"为主，比较单一。2011年，贾斯汀·坎恩（Justin Kan）和艾米特·谢尔（Emmett Shear）联合创立了实时流媒体视频平台Justin.tv，并从中分离出游戏直播平台Twitch。至此，网络游戏直播中主播出现并进行游戏直播或解说游戏，同时与受众在视频中实时互动的直播形式正式形成。

2. 发展与爆发期

2012—2018年是游戏直播平台的发展与爆发期。2012年，YY直播推出了支持电子竞技个人直播的插件。无论是观众以送礼物的方式打赏主播还是进行公会签约型直播，YY游戏直播都具有浓郁的秀场风格。2013年，TGA再度调整发展路线，致力于孵化职业赛事体系，并成功孕育出现今电子竞技直播的顶级职业赛事英雄联盟职业联赛（LPL）、穿越火线职业联盟电视联赛（CFPL）、王者荣耀职业联赛（KPL）等。2014年，弹幕视频网站AcFun旗下的直播网站改名为斗鱼TV后，开始主打游戏直播业务。

同年，电竞直播平台战旗直播上线，YY 直播分离出了虎牙直播，主攻游戏直播领域。至此，以虎牙直播、斗鱼 TV、战旗直播等为主的早期游戏直播平台完成独立运营，主要直播内容为竞技高手进行《英雄联盟》《刀塔》《魔兽世界》等热门网络游戏的直播，同时直播电子竞技赛事。2015 年，国家实行"光进铜退"策略，极大地缩短了非对称数字用户线路（asymmetric digital subscriber line，ADSL）局端设备到用户家的距离，使网络速度大大提高，为网络游戏直播的发展提供了技术条件。2015 年后，直播大战爆发，游戏直播进入爆发期，移动端的发展使得移动电子竞技成为重要的流量端口，平台化的游戏直播网站出现。此外，各路资本争相涌入游戏直播，2018 年腾讯分别入股斗鱼 TV 40 亿元、虎牙直播 4.6 亿美元，并不断加强对游戏直播头部平台的投资。同年，虎牙直播在纽交所由著名主播"MISS"和"骚男"敲钟上市。至此，游戏直播平台进入发展快车道。

3. 成熟期

2019 年后，游戏直播平台经过爆发期后逐渐平稳发展，进入成熟期。在头部游戏直播平台的带领下，其他综合性视频直播平台也加大了对游戏直播板块的投入。老牌游戏直播平台战旗直播、触手直播等逐渐退出游戏直播市场或实现业务转型。哔哩哔哩加大了对游戏直播领域的投入，快手、西瓜视频等短视频网站也加大在游戏直播领域的布局力度。2019 年 7 月，斗鱼四大主播"旭旭宝宝""PDD""YYF""女流"代表斗鱼敲钟上市，斗鱼正式登陆纳斯达克。至此，以斗鱼、虎牙为代表的游戏直播平台正式形成"鱼虎领航，两超多强"的市场竞争格局。随着市场规模的不断增大，2018—2019 年，斗鱼、虎牙及欢聚时代不断开拓东南亚、美洲等海外市场。2020 年，斗鱼、虎牙与淘宝等平台合作，跨界进行带货直播。同时，随着游戏直播平台的产业化发展及民众对其认知的不断加深，游戏直播的规范化问题也逐渐成为社会关注的议题。2020 年 6 月，《游戏直播行业法律保护白皮书》发布，对游戏厂商与游戏直播平台间的版权问题做出规定，同时建议游戏直播行业内各主体达成行业共识，以促进行业的可持续发展。

二、游戏类直播平台的主体特征

（一）游戏类直播平台的主播特征

游戏类网络主播的划分标准不一，根据画面呈现可分为出镜主播与配音主播，根据直播风格又可分为专业性主播与娱乐性主播。此处根据主播性质与水平高低将游戏主播分为三类。第一类网络游戏主播通常为资深游戏玩家，他们在游戏直播中往往为其他玩家提供游戏教学或专业操作指导。例如，分别在斗鱼TV与企鹅电竞进行游戏直播的"zoom"与"若风"就是《英雄联盟》的职业玩家，"zoom"作为职业选手还获得了2019年LPL春季赛总决赛的亚军与2020年5月LPL春季赛总决赛的冠军。第二类网络游戏主播是由部分对网络游戏感兴趣或主持网络游戏节目的主持人转型而来，如代表虎牙敲钟上市的游戏主播"MISS"在2013年就已经是"游戏风云"频道解说《刀塔2》的节目主持人，机缘巧合之下担任了《英雄联盟》的主播，成为游戏主播界的头部主播，对各类游戏视频进行解说，同时自身也有较高的游戏水平。最后一类游戏主播是在全民直播的东风之下出现的各类游戏主播与其他非职业游戏主播。这类主播往往对热门游戏有所喜爱或向往，但游戏水平参差不齐，甚至作为新手进行游戏体验直播，其直播的目的在于社交或分享。大多数游戏主播会选择加入某一公会由其进行统一管理，小象大鹅、伐木累娱乐、炫石互娱等是较为知名的游戏MCN机构。游戏主播的游戏水平高低不一，游戏主播的盈利水平往往与游戏水平高低直接挂钩，同时游戏主播的年轻化趋势十分明显。

（二）游戏类直播平台的产品特征

直播内容质量的高低决定着最终的直播效果，现有的游戏直播平台的直播内容主要可以分为三类：电竞赛事、个人直播及游戏专栏。电竞赛事的直播或转播搭配语音解说是游戏直播一直盛行的直播模式。自电子竞技被列为我国体育项目以来，其受关注度与传统竞技项目不相上下。随着移动互联网技术的发展与移动网络游戏的盛行，手游克服了端游高配置、不易携带的局限性，将网络游戏传播至普通民众，各类电子竞技赛事如KPL、LPL等不断出现在公众视野。因此承办方的官方平台中的游戏解说与游戏主播们的赛中赛后解说层出不穷，成为游戏直播的固定内容与稳定板块，其直播受众数量也是其他直播不可相比的。个人直播是游戏直播平台最为常见的直播品类，主播进行直播的形式与游戏种类各不相同，但通常围绕热门手游或端游如《英雄联盟》《王者荣耀》《和平精英》进行游戏解说、游戏教学、游戏社交，同时也对一些恶搞游戏等进行娱乐性的游戏直播。游戏节目与专栏是指腾讯视频、爱奇艺、哔哩哔哩等视频平台所推出的专业性游戏节目或专栏，如游戏赛事的集锦、赛事访问、赛事直播等。

（三）游戏类直播平台的受众特征

游戏类直播平台的受众仍以游戏玩家为主。随着手游的爆发式增长，游戏玩家的规模逐年增长。2020年受新冠肺炎疫情的影响，游戏直播受众的规模进一步扩大，推动了游戏直播平台的发展。据艾瑞咨询调查，2019年中国游戏直播平台用户规模达到3亿人，较2018年增长15.4%。① 在游戏直播的受众中，男性多于女性，且年龄集中在20—30岁，上班族占据主导地位，与主播年龄具有一定的重合度，具有十分明显的年轻化特征。总的来说，游戏直播的主要受众是具有中等收入的年轻男性。

游戏用户规模的扩大加快了游戏直播行业的产业化，同时主播明星化也为游戏直播领域带来了可观的流量，特别是女性粉丝受众的不断增多，侧面推动了游戏直播平台的"明星化"。例如，职业选手兼主播的"若风"就参加了娱乐综艺节目。随着未来用户增速的逐渐趋缓，付费用户规模的增长及用户平均付费水平的提升将成为游戏直播平台下一步的发展方向。

三、游戏类直播平台的直播特点

游戏类直播平台同样具有直播门槛低、直播社交性强等网络直播的固

---

① 艾瑞咨询. 2020年中国游戏直播行业研究报告[EB/OL].(2020-07-31)[2021-01-15]. http://report.iresearch.cn/report_pdf.aspx?id=3625.

有特性。例如，网络技术的进步使得直播门槛降低，自媒体直播盛行；网络直播社交性强，弹幕文化盛行，用户以发弹幕的形式吐槽或交流，弹幕成为主播与用户交流的重要纽带。除网络直播的固有特性外，游戏直播平台借助于游戏这一特殊品类还具有众多独有的发展特点，即产业化、多元化、全球化。

（一）产业化

产业化是指在市场经济引导下，某一行业为最大化地开发产品价值与获得市场竞争优势，寻求与其他相关行业的合作，以形成产业化、规模化、集约化的经营方式。产业化也是商业价值最大化开发的重要步骤。2019 年，我国独立游戏直播平台市场规模达到 208 亿元[1]，这不仅是游戏直播平台独立发展的成果，也是与其他行业共同合作及与其他业务整体推进的结果。我国游戏直播在技术与资本的双重刺激下，已形成了较为完整的产业链，与影视、网络游戏、广告、互联网电商行业进行合作开发，在游戏直播平台与游戏开发商、赛事承办商合作获取版权，以供游戏主播或游戏公会进行 UGC 与 PUGC 产出，最终以付费或免费的形式向用户进行输出，用户对平台与主播进行打赏。与此同时，当平台具有一定规模与发展空间时，品牌商、广告商及互联网电商在看中平台潜力与头部主播的商业价值的基础上进行广告投放、合作带货，游戏直播平台的商业价值得到进一步增加。至此，一条完整的游戏直播产业链正式形成。值得提出的是，哔哩哔哩等平台开始试水游戏综艺节目，为游戏直播平台提供了新的发展思路。2020 年 10 月，腾讯对虎牙直播、斗鱼 TV 提出合并邀约，同时斗鱼 TV 收购另一头部游戏直播平台企鹅电竞，使得行业内部资源得到极大整合，产业化趋势越发明显。

（二）多元化

多元化是指游戏直播平台在做好直播、游戏、广告等传统业务外，不断拓宽新领域，开发新业务。头部游戏直播平台虎牙直播与斗鱼 TV 除主

---

[1] 艾瑞咨询. 2020 年中国游戏直播行业研究报告[EB/OL].（2020-07-31）[2021-01-15]. http://report.iresearch.cn/report_pdf.aspx?id=3625.

打游戏与赛事直播外，还开设了秀场直播、户外直播、美食直播、交友陪玩、体育健身等娱乐类直播业务，同时加强对美女头部主播的开发，以增强其在娱乐领域的竞争力；根据受众年轻化且"御宅族"较多的特点还开设了二次元专区，以动漫为主的直播受到广大动漫爱好者的喜爱；带货类直播也开始在游戏直播平台出现，且宣传力度较大。例如，2020年斗鱼联合淘宝进行了"我为湖北买买买"社会公益性主体直播，为湖北抗击疫情、复工复产助力，而后在2020年的"618年中大促"时与淘宝再次合作推出"618购物嘉年华"带货直播活动。借助语音技术与合成技术实现的虚拟直播也是各大头部平台的开发重点。游戏类直播平台在"鱼虎领航，两超多强"的行业格局下，不断寻求新出路，不断尝试并挑战新业态，已向"一专多能"的多元化、综合性直播平台前进。

（三）全球化

全球化是游戏直播平台针对国外市场进行全局性规划的战略部署。各大游戏类直播平台将目光投向国外，实施海外"掘金"战略。一方面，游戏直播中的主体游戏是国际性的《英雄联盟》《绝地求生》《炉石传说》《王者荣耀》，教学类游戏直播中观众大多看的是主播的视频操作，国际间的语言文化差异不会影响观看；另一方面，自2018年起，我国在《英雄联盟》亚运会、《绝地求生》全球邀请赛、《炉石传说》世界杯、《守望先锋》世界杯等赛事中不断突破，一年取得了3个英雄联盟职业联赛世界级比赛的冠军，电竞水平得到国际认可，在一定程度上为游戏直播平台走出去创造了条件。自2018年起，由虎牙直播100%控股开发的Nimo TV在东南亚等地上线，相继在印度尼西亚、越南、泰国、巴西等10个国家落地运营。斗鱼也在2018年收购东南亚市场龙头直播平台——Nonolive，发展海外市场，又于2019年在日本联合上线直播产品Mildom，截止到2020年年中，这一直播产品已稳居日本游戏直播市场前三。除海外兼并外，头部游戏直播平台还不断加强对国外游戏直播平台的投资与入股力度，全球化已成为游戏直播市场的重要特征与未来发展的风向标。

四、游戏类直播平台的代表平台

根据直播的主营业务与商业实力,游戏类直播平台可分为头部游戏直播平台、腰部游戏直播平台、综合性直播平台。游戏类直播行业正处于"鱼虎领航,两超多强"的市场格局,斗鱼与虎牙两大上市直播平台牵头经营,企鹅电竞、网易 CC 直播也具有极强的商业价值与变现能力。随着多方资本的介入与经营模式的日益完善,以哔哩哔哩、快手为代表的视频平台借助于综合性娱乐视频社区的优势,不断创造游戏直播新业态,虽然游戏营收与业务针对性比头部平台逊色,但具有自身的排他性优势。另外,综合性直播平台一直播、爱奇艺 YY 直播也创建了游戏板块,通常仅将其作为秀场直播的陪衬。此处仅对头部游戏直播平台和腰部游戏直播平台做针对性分析。

(一)专业类游戏直播平台

专业类游戏直播平台即指以游戏直播为主营业务的直播平台,在整个游戏直播产业链中处于内容传播商的下游,现今这类平台与在整个游戏直播市场拥有主导地位的头部平台具有较高的重合度,且头部主播效应明显。根据商业价值、实际经营状况及各项数据指标,斗鱼 TV 与虎牙直播是当之无愧的头部游戏直播平台,盛极一时的老牌游戏直播平台熊猫直播关闭后,其头部主播与受众大多流向了斗鱼 TV 与虎牙直播,且二者在战略布局、经营业务等方面具有较高的重合度。具体见表 2-3。

表 2-3 斗鱼 TV 与虎牙直播数据对比

对比指标	斗鱼 TV	虎牙直播
市值/亿美元(截至北京时间 2021 年 1 月 22 日)	40.67	56.54
总营收/亿美元	25.5	28.15
直播收入/亿美元	23.49	26.57
总利润/亿美元	3.7	2.53
MAU/亿人	2.94	1.729
付费用户/万人	790	600

作为上市的仅有的两大游戏直播平台，斗鱼 TV 与虎牙直播的差距在不断缩小，二者的市值差距从 2020 年年初的 1.73 倍缩小到 2021 年年初的 1.39 倍。另外，除总营收与直播收入两类指标外，在总利润、MAU 及付费用户指标方面，斗鱼 TV 在 2020 年第三季度报表中皆超过了虎牙直播。在直播收入与总营收方面，由于在国内获得多轮投资，虎牙直播拥有强大的资金流，连续几季度领先于斗鱼 TV。同时，斗鱼 TV 在云游戏、云视频等方面不断创新业务模式，积极运用 AI 新技术提高观看精准度，提升用户观看体验。日本平台 Mildom 的产品功能及内容品类也不断丰富，持续火爆日本市场，为斗鱼 TV 带来了可观利润。虎牙直播也以 5 亿元收购了企鹅电竞，在可预见的将来，游戏直播行业的整合力度将进一步加大，形成强大的合力应对市场风险。

（二）视频类游戏直播平台

视频类游戏平台虽然在市场份额、游戏营收、行业影响力等方面不如老牌头部游戏直播平台，但在垂直领域与新业态的开发中占据有利地位，且集聚了一批黏性、忠诚度高的用户。例如，在直播品类上，哔哩哔哩在众多游戏直播平台中脱颖而出，拿下了电竞赛事中的重头项目——2020—2022 连续三年英雄联盟全球总决赛的独家直播版权。在头部主播的培养与打造中，"老番茄""敖厂长"开始进行游戏直播，实现视频平台优势与游戏直播的有效对接。除此之外，深谙现今年轻人娱乐需求的哔哩哔哩还在游戏直播领域开创了众多新玩法，不断对接新业态，集结了游戏直播领域不可忽视的年轻力量。快手、西瓜视频也在积极布局游戏类直播板块建设，成为视频类游戏直播平台中的翘楚。具体见表 2-4。

表 2-4　视频类游戏直播代表平台

对比指标	哔哩哔哩	快手
游戏直播业务成立日期	2015 年	2016 年
MAU/人	2 亿+	2 亿+
用户平均年龄/岁	21	24

续表

对比指标	哔哩哔哩	快手
游戏直播业务内容	游戏直播、电竞赛事、自制综艺、自制赛事、成立电竞俱乐部、开发游戏	游戏直播、电竞赛事、自制赛事、明星游戏主播入驻
游戏分区	网游、手游、单机	网游、手游、单机、游戏短视频
头部游戏主播	"老番茄" "LexBurner" "逍遥散人"	"牧童" "王小歪" "骚白"

哔哩哔哩与快手都是在游戏直播爆发期拓展了游戏直播业务，分别依托于原有的ACG［animatian（动画）、comics（漫画）、games（游戏）的首字母缩写］用户与短视频用户，获得了较高的市场份额。二者在直播品类、主播培养、市场地位等方面都具有较高的相似度，迅速发展成为斗鱼TV、熊猫直播、企鹅电竞等老牌专业类游戏直播平台的有力竞争对手。作为中国年轻世代高度聚集的文化社区和视频平台，哔哩哔哩通过自制赛事"守望先锋影子挑战赛"、综艺《KPL魔改学院》，以及联运游戏《神都夜行录》《电击文库：零境交错》《梦幻模拟战》等实现游戏直播内容上下游的联合。快手则加大对头部主播的培养力度，其头部主播"牧童"已拥有3 500万粉丝，成为整个《和平精英》垂直类行业第一主播，"王小歪"等颜值高、技术过硬的主播也纷纷出现。截至2021年年初，快手平台中粉丝量超过千万的游戏主播已有10多人。哔哩哔哩与快手游戏直播业务发展迅速，成为头部游戏直播平台的最大竞争对手。

五、游戏类直播平台的现存问题与发展对策

（一）游戏类直播平台的现存问题

随着游戏行业的爆发式发展，我国游戏直播行业在长期的摸索中也找到了稳定的直播商业模式，实现了稳健增长，现已成为直播领域重要的垂直细分品类。但作为直播领域的衍生品类，在未成熟的外部条件下，随着大量资本的进入，游戏直播行业在急速发展的同时也逐步显露出一系列问

题，主要体现在情色直播、主播明星化带来的过度曝光，以及头部平台垄断游戏资源。

与其他注重个人魅力展示的直播平台相比，游戏类直播平台的主播更强调游戏水平的高低，"三俗化"内容相对较少，但游戏直播领域同样存在"以游戏之名，行低俗直播"的现象。斗鱼 TV 在实施整改前，大批美女主播"衣不蔽体"，部分主播游戏水平较低，却以游戏直播的噱头直播低俗内容。情色内容是整个直播平台的毒瘤，亟须平台加强监管。

游戏行业的大热与游戏直播平台的宣传推广使电子竞技与游戏从游戏圈、电竞圈走向大众，英雄联盟 S5 世界总决赛（LOL S5）引入韩国援助选手后，部分"追星"的颜粉女性开始大量出现在电竞圈中，她们将游戏主播"明星化"，为其应援并建立粉丝群，主播的私生活也被曝光。

未来，游戏直播行业将完成内容资源的整合，行业资源的高度整合在一定程度上可以创造极大的商业价值，但同时也会建构行业壁垒，使头部企业一家独大地解释行业规则。

（二）游戏类直播平台的发展对策

自 2019 年以来，以腾讯、网易为代表的游戏厂商对游戏直播行业内存在的版权侵权问题进行积极维权，而网易诉 YY 直播《梦幻西游 2》，腾讯诉西瓜视频、今日头条《穿越火线》诉讼案的胜诉在司法界确认了游戏直播画面的版权。学术界也积极探讨游戏直播画面版权归属问题。由此可见，游戏直播行业已逐步走向规范化。解决游戏直播存在的情色直播、主播明星化带来的过度曝光、头部平台垄断游戏资源等问题，可以从以下几个方面着手。

政府管控与行业自治相结合。2020 年《游戏直播行业保护白皮书》发布，对平衡游戏厂商与游戏直播运营商之间的关系起到了极大的作用。但直播平台存在色情、暴力等三俗化内容的问题仍需平台与整个直播行业共同努力解决。从宏观上讲，应加强平台间的合作，建立行业规范，形成良性竞争，对违反行业规则的平台进行惩罚。从中观上讲，平台内部要加强"平台自纠"的力度，遵循"主动监管+尊重创作"相结合的原则，对打法律擦边球、宣传暴力的主播或直播内容采取警告、封闭账号、永久封停等措施，有调性、有针对性地管理平台主播。从微观上讲，由于游戏主播与游戏直播受众年轻化趋势明显，应加强对主播与受众的教育，实行"机器+人工"的双重审核，坚决打击直播不良内容的行为。

游戏直播行业已完成第一阶段的资源整合，未来会出现"一超多强"的局面。为防止垄断和趋同化发展，保证中小游戏直播平台拥有正常的发展空间，营造良性竞争的市场环境，游戏直播行业应鼓励创新，支持中小游戏直播平台深耕垂直领域、探索新业态。

第三节 购物类直播平台

购物类直播平台以商品为主要直播内容，以销售商品为主要目的，主要包括传统电商平台、短视频平台及具有线上直播购物性质的平台。购物类直播平台具有极强的变现能力，在主播、产品及用户方面都有典型的商业化、细分化特征。经过起步期、成长期，购物类直播平台发展现已进入爆发期，具有极强的发展潜力。

一、购物类直播平台的含义与市场现状

（一）购物类直播平台的含义

购物类直播平台又称电商直播平台，是网络直播行业涉足电商领域产生的新兴事物，其本质上是电商购物平台以网络直播的形式提高用户流量转化率的营销方式与经营战略。它主要包括以淘宝、京东为代表的内嵌直播板块的传统电商平台，快手、抖音这类通过与电商平台合作实现直播带货变现的短视频平台，以及波罗蜜这类上线之初便具有线上直播购物性质的平台。通过在移动终端开设直播板块，各大店铺主播或明星主播通过手机等智能终端进行商品直观展示、发放优惠券。电商购物平台在尚未开通直播业务时，就已经开始寻求与直播领域的融合发展。例如，唯品会通过与花椒直播、映客直播的合作获得更大的用户流量与产品销量。2018年以后，各大电商平台纷纷布局直播板块，头部流量平台和交易平台持续向直

播板块倾斜资源，直播带货已然成为各大平台的标配。

（二）购物类直播平台发展的三个阶段

互联网经济极大地推动了电子商务行业的发展，淘宝、京东、拼多多、唯品会等头部电商平台引领着电商市场的发展，小红书、蘑菇街等中小型电商平台也在不断创新业态、拓展新业务，电子商务市场用户规模不断扩大，市场竞争呈现白热化状态。在巩固现有地位与拓宽市场业务的需求下，众多电商平台不断寻求跨界融合，寻找新的突破口。2016年起，直播业态经过多年发展，技术趋近完备，用户积累已达到一定规模，成为电子商务市场的重要风口。根据直播业态与电商平台的融合特点，可将购物类直播平台的发展分为三个阶段。

1. 起步期

2015—2017年是购物类电商平台的起步期。早在2015年，跨境电商波罗蜜就已尝试借用视频互动直播技术将直播与跨境电商相结合，海外主播以实地直播展示商品信息的方式与线上用户进行互动交流，解决了海淘领域存在的价格信息不透明等问题。而在2016年，各大国内头部电商平台与短视频平台纷纷试水布局直播板块，实现了直播与电商平台的正式结合，电商直播平台进入正式发展阶段。在这一阶段，短视频平台快手打响短视频直播带货"第一枪"，在2016年1月上线直播功能。2016年3月至9月，淘宝、蘑菇街、京东也纷纷上线直播板块。在购物类直播平台发展初期，各头部电商与短视频平台依托原有的用户流量，意图通过实时互动与场景化展示营销的方式摆脱传统购物平台中用户仅靠浏览商品详情、用户评价内容、商家品牌信任等实现购买行为的线上购物转化率较低的困境。它们同时引入明星主播、网红作为主要带货主播。2017年，电商领域引入直播业态被证明有较强流量变现能力后，苏宁、抖音等平台也加入了直播大战，主播身份与直播品类趋向多元化，用户规模也在不断扩大，淘宝单日直播累计观看量实现破亿。

2. 成长期

2018年是购物类直播平台的成长期。首先，短视频平台中的直播频道显示出强大的流量变现能力，已成为各大平台重要的业务经营板块，吸引着亚马逊等其他电商平台加入直播战局。各大平台不断加强对内容创作的补贴与扶持力度，提高直播水平，丰富直播内容。其次，短视频平台加大"直播带货"的力度，同时尝试自建产品供应链，通过开发小程序、微店等方式不断拓展分发渠道。例如，2018年3月抖音就已为账号建构购物车功能，并在6月实现店铺入口设置。快手也上线了快手微店与"魔筷TV"小程序。最后，为提高购物转化率，电商直播行业内已出现了较为明确的分工。例如，快手通过与MCN机构"有赞"合作，开发出了电商导购新模式，各短视频平台也凭借自身强大的用户流量入口优势不断加强与其他电商平台的合作。

3. 爆发期

2019年至今是整个电商直播行业的爆发期，用户规模不断扩大，交易额高涨，2019年全年的直播电商行业市场规模达4 437.5亿元，较2018年增加了3 083.4亿元，同比增长227.7%。2020年突如其来的新冠肺炎疫情使直播电商行业呈爆发式增长，2020年上半年中国直播电商交易规模已达4 561.2亿元。① 头部电商主播表现十分亮眼，个别头部主播在2020年"双十一"预售中实现了单日直播交易额近100亿元的单链接引导成绩，整个淘宝直播引导成交额近200亿元。由此可见，"直播+电商"模式已成为重要的流量变现手段与提高用户线上购物转化率的重要途径。各大平台不断加快孵化带货主播的速度，电商平台与短视频平台已形成系统的对接与合作，网易考拉、小红书均已加入直播电商行列，整个电商直播行业市场呈现出淘宝直播引跑，快手、抖音、拼多多迎头追赶的"一超多强"的局面。

二、购物类直播平台的主体特征

（一）购物类直播平台的主播特征

购物类直播平台的主播主要分为两类：关键意见领域（key opinion

---

① 中国产业信息网.2020年中国直播电商行业呈爆发式增长，市场规模直逼万亿大关[EB/OL].(2020-01-12)[2021-02-3].https://www.chyxxcom/industry/202101/922512.html.

leader，KOL）主播与商家店铺主播。KOL 主播又可分为明星主播与头部网红带货主播。头部网红带货主播的其主要特征为颜值高、带货速度快、能说会道，且形成了个人品牌，具有较为稳定的粉丝群体。明星主播是指影视圈明星作为品牌方代言人或出于营销推广自身作品的目的进入已有主持人的直播间带货。自带流量与粉丝群体的明星即使不具备较好的带货技能，通常也能取得较好的带货效果。近年来，明星作为品牌方代表嘉宾做客头部网红带货主播直播间也成为更为直接的流量变现模式。商家店铺主播是指商家自建主播团队或选择代播服务，选择能展示商品特点、与受众进行实时互动的主播。选择这类主播的成本较低，能形成店铺账号品牌。现今电商主播行业呈现出马太效应明显的现象，头部主播占据着大多数用户资源与内容资源。

（二）购物类直播平台的产品特征

购物类直播平台大多未对直播商品设置类别标签，但大致可分为两大栏目。一是根据不同类型店铺的日常化直播品类，主要可分为美妆、美食、家居、穿搭、亲子、全球购、首饰等栏目，用户可通过搜索栏目或店铺名称观看感兴趣的直播内容，主播通过展示商品主要信息与放送优惠信息实现引导用户购物。二是在"双十一""618 年中大促"及其他节庆日平台所推出的直播栏目，如淘宝直播平台在购物节会设立"1111""1112""1212"的新栏目，推动节日营销。2020 年掀起的"扶贫助农""我为湖北带过货"等直播活动带来了全新的直播产品内涵——商业化程度极高的直播行业开始追求社会效益与经济效益的共同实现，农产品也成为重要的直播产品内容。

（三）购物类直播平台的用户特征

购物类直播平台的主要用户为具有一定购买意愿及购买动机的消费者人群。根据调查，截至 2020 年 12 月，我国网络购物用户规模达 7.82 亿，占手机网民的 79.2%。[①] 由此可见，移动终端是网络电商直播的主要入

---

① 中国互联网络信息中心. 中国互联网络发展状况统计报告[EB/OL].(2021-02-3)[2021-02-16].http://cnnic.cn/hlwfzyj/hlwxzbg/hlwtjbg/202102/P020210203334633480104.

口,且直播电商用户规模不断扩大,直播带货通过实时互动激发用户进行感性消费已成为重要的流量转化手段。综合考虑家庭分工角色、性别消费结构、网络购物消费习惯等因素,购物类直播平台的用户特征主要为女性、具有一定购买能力且年轻化。

三、购物类直播平台的直播特点

与其他将直播作为主营业务的专业类直播平台相异,购物类直播平台是 2016 年才正式产生的"直播+电商"的新业态,其诞生之初是电商平台与短视频社交平台将直播作为技术工具与手段用以提高用户购物的转化率,获得较大成功后逐渐在其他电商平台、社交平台普及,成为众多互联网电商的重要板块。购物类直播平台在直播内容、直播目的、传播模式、直播类型等方面具有排他性特点。

首先,在直播目的上,电商平台应用移动流媒体技术形成直播业态嫁接进电子商务活动中,其主要目的是为用户提供场景化的营销环境,营造虚拟环境实现情感互动,重塑用户实时在场状态,刺激其进行感性消费,最终实现流量变现。

其次,在直播内容与主播职能上,传统秀场直播与游戏直播皆以主播作为核心角色进行直播,注重主播的个人魅力或某项技能。而购物类直播平台以商品作为核心进行直播,"社交互动+商品介绍"是带货主播的主要直播模式,这一模式虽然对主播的个人魅力与语言能力有一定的要求,但主播的主要职责在于介绍、展示、销售商品,发挥联系商品与用户的纽带作用。

再次,在传播模式上,为克服传统购物平台用户只能通过浏览商品信息或其他用户的评价来做购买决定的这一缺点,购物类直播以直播的形式直接、真实、全方位地展示产品信息,直接呈现其制作、产出过程,增强用户对商品质量的信心,同时在介绍商品信息环节不间断进行发放优惠券、抽奖等活动,直接刺激用户进行感性消费与冲动消费。由于商品一直推陈出新,其传播过程与模式对用户的吸引力是可持续的。

最后,在价值变现上,电商平台上的店铺直播、KOL 直播所聚集的是对品牌、KOL 建立了一定忠诚度与信任度的用户,他们主要可分为目标明确型用户与目标迟疑型用户。在注意力经济时代，大多数用户在进入直播间前已具有一定的购买意愿与购买动机。目标明确型用户具有极强的购买转化率。目标迟疑型用户尚未做好购买决策，是电商直播面对的主要人群，对于他们，电商主播要充分发挥引导作用。由此可见，电商直播受众具有不同的需求，而主播可以通过直播实时互动了解用户需求，实现精准营销，提高销售转化率，强化流量变现能力。

四、购物类直播平台的代表平台

经过四年多的发展，购物类网络直播行业已形成较为完整的直播产业链。首先，以谦寻为代表的网络电商 MCN 公司孵化优秀电商主播，通过与其他商家和品牌合作为其带货，淘宝、拼多多、京东等互联网电商平台作为宣发渠道与平台运营商为各大品牌商家提供技术服务、搭建直播平台，同时以抖音、快手为代表的短视频电商平台作为内容分发渠道成为重要的带货平台，通过与淘宝、拼多多等合作实现网站跳转购买，在支付宝、微信等支付平台实现用户购买。由此可见，根据主营业务与内容分工的不同，购物类直播平台主要可以分为以淘宝、拼多多、京东为代表的互联网电商平台与以抖音、快手为代表的短视频社交平台。具体见表 2-5。

表 2-5 购物类直播平台的代表平台

平台	淘宝	拼多多	抖音	快手
平台属性	电商	电商	电商+社交	电商+社交
电商主播 KOL 属性	头部主播集中	以中小型商家店铺自建主播团队与代播团队为主	以百货、美妆类中的小型主播为主	以中小型商家店铺自建主播团队与代播团队为主
成交渠道	站内	站内	淘宝、拼多多、京东	淘宝、拼多多、京东
直播产品	官方品牌、原创品牌产品	官方品牌产品、低价白牌产品	具有一定知名度的白牌产品	知名品牌产品、白牌产品
带货模式	商品促销+网红带货+商家直播	商家直播+团购优惠	短视频内容+直播	网红带货+打榜+送礼物

续表

平台	淘宝	拼多多	抖音	快手
优势	用户规模大、黏性高,头部主播集中	商品平价,活动多样	内容驱动,用户精准营销,转化率高	用户黏性高、消费能力强
劣势	带货主播马太效应明显	产品质量较差,品牌效应弱	内容同质化	产品质量参差不齐

淘宝与拼多多作为极具市场影响力的互联网电商平台,在经营策略与直播带货模式上有极大的区别。淘宝的商家进入制度与信誉评价机制已较为完善,因此吸引了大批国内外知名品牌店铺与优秀主播入驻,同时也给予中小型原创店铺生存空间,积累了有超高黏性的消费者用户,电商带货的销售转化率极高、价值变现能力极强。而拼多多主营产品为低价白牌产品(无品牌),因此直播业态多作为商家展示商品的重要工具,无头部网红主播,也未形成内容直播生态,其销售转换率低。快手孵化网红主播的能力强,吸引了不同垂直领域的带货网红,且不断加强内容生态建设,是整个电商直播平台可期的新势力。抖音依托于原有的短视频内容优势,不断建构内容生态,虽然还未培养出极具竞争力的网红主播,但其宣传推广效果较为明显。

五、购物类直播平台的现存问题与发展对策

泛娱乐直播平台重在吸引实时在线人数,增加流量与曝光度,实现流量变现的可能;而购物类直播平台侧重于促进销售转化,实现精准营销。在一定程度上,购物类直播平台有利于解决大多直播平台存在"三俗化"内容的问题,但与电商平台嫁接所形成的直播新业态也存在商品质量差、直播泡沫出现等问题。

(一)购物类直播平台的现存问题

直播业态的加入克服了传统电商平台用户浏览式与间接性决定购买行为的缺点,但同时又面临着技术处理下的商品失真等问题。由于直播滤镜已逐渐普遍化,主播对服装、工艺品及艺术品进行直播时不可避免地存在

色差、瑕疵柔化等情况，在一定程度上会稀释用户对直播平台的信任，造成电商直播负面标签化。另外，主播售卖假冒伪劣产品、"三无"产品，以及价格欺诈、刷单提高销量等问题都成为电商直播的负面标签，影响着用户的品牌信任度。

电商平台与主播直播的主要目的在于实现产品销售，在带货指标的驱动下甚至通过营造共同消费的场景刺激用户消费，极易造成用户冲动消费。冲动消费是指用户本无消费意愿，但在直播平台鼓励消费与群体式狂欢型消费环境的刺激下突然产生的消费需求与消费行为。虽然电商平台取得了流量变现效果与商业价值的最大化，但冲动消费是一种不理性的消费行为，在支付宝"花呗"等超前消费平台的共同作用下，极易造成用户超前消费、透支消费甚至是麻木消费。而用户在冲动消费后的冷静期也难以再产生二次消费行为。

除此之外，主播马太效应明显、两极分化也是购物类电商平台面临的重要问题。以淘宝直播为例，其入驻头部主播的粉丝数均为千万级别，在购物节等节庆日，其直播间的观看人次通常都在 1 000 万以上，直播间交易额破亿元是常态。而腰部网红主播与品牌主播的粉丝人数通常在百万以下，尾部主播的直播观看人数则更少，转化率与价值变现能力都非常低。

（二）购物类直播平台的发展对策

建构更加完备的商家准入制度是保证产品质量与直播效果的重中之重。已积累一定粉丝、形成小众或大众品牌效应的商家为进一步增强口碑营销、品牌营销的效果会极力确保产品的质量。因此，直播平台方要稳定与品牌商的合作关系，给予一定的宣传推广空间。同时直播平台方要加强对大批中小型商家店铺的审核与管理，对销量低、产品质量不合格、用户投诉较多或口碑极差的商家进行重新审核，给予警告、短期封店等不同层级的惩罚。另外，平台方要着重培养小众品牌商家，设置相关评选活动，对直播内容与产品都十分优秀的商家颁发奖项，激励其发展。

培育腰部网红主播与运营粉丝社群是直播电商平台实现持续性发展的重要内容。购物类平台是与商品销售联系最为紧密的直播平台，在商品经济时代，导购型主播已成为平台重要的内容资源。头部主播已占据绝大部分市场份额，是直播平台应该维持的核心资源，而较大比例的腰部主播虽然在带货能力、粉丝人数等指标上与头部主播有一定差距，但依托于其身后强大的品牌资源与已建立起来的粉丝队伍，成为电商直播平台最具潜力且数量庞大的后备军，应给予其足够的重视。淘宝、小红书、快手等电商平台与短视频社交平台已逐渐向内容平台与消费类媒体转变，购物类直播内容已成为用户娱乐消遣的重要方式，因此，购物类直播平台要转变运营理念，向运营粉丝社群等方向实现理念、方式升级。

第四节　会议类直播平台

会议类直播平台这一概念在近几年为大众所关注，但早在20世纪70年代，视频会议的前身——模拟电视会议便已出现。点对点交流，依靠终端设备、数字通信网络与微控制单元实现的黑白图像传送拉开了视频会议的序幕。2020年，各类专业会议类直播平台与大众直播平台获得了巨大的发展，专业化会议平台也逐渐向平民化会议平台转变，在可预见的未来，会议类直播平台将以重要的身份长期介入大众生活。

一、会议类直播平台的含义与市场现状

（一）会议类直播平台的含义

会议类直播是指借助HTML5、FLASH播放器等技术实现多个现场的视频画面轮换与转播，同时以图文、画面、声音、文件、聊天等形式进行场外直播，用户通过移动智能终端、电脑端参与会议的直播方式。广义上的会议类直播平台分为专业型与大众型。狭义上的会议类直播平台仅指专业型会议直播平台。专业型会议直播平台是面对企事业单位用户、具有较大的用户容量并提供相关服务的直播平台；大众型会议直播平台是指满足企事业单位用户中小型会议及普通大众会议直播需求的直播平台，它能满足大多数会议直播的需求，且在用户存量、成本等方面具有较大的优势。2020年新冠肺炎疫情的暴发使得会议类直播平台获得极大发展，在国家政

策支持下，会议类直播平台的服务功能、用户存量等都得到较大提升，专业型直播平台与大众型直播平台的差距也在日益缩小。

（二）会议类直播平台的市场现状

会议类直播脱胎于视频会议，是直播技术在视频会议中得到应用从而扩大应用领域的有益尝试。早在20世纪70年代，视频会议的前身——模拟电视会议便已出现。80年代，数字图像压缩技术催生了专网数字视频会议舞台，从而构成了整个电视会议的发展历程。互联网的诞生改变了视频会议的传输模式与视频形式，高清时代下软硬件视频会议通过IP地址实现广泛应用。到了21世纪，云视频会议、智能协作会议及视频图像的超清形式促进视频会议的多元化发展，其中直播业态的加入为视频会议创造了更多可能，专业型与大众型会议直播平台纷纷出现。

根据应用效果与发展特点，以2020年为节点，可将会议类直播平台的发展划分为两个阶段。2020—2021年，为保证直播质量，许多企业会委托较为专业的机构提供有针对性的个企会议解决方案。因此，微赞直播、保利威直播、微吼直播等提供大中型企业直播服务的专业型会议类直播平台出现，面向的目标用户较为固定，且与用户建立了较为稳定的合作关系。大众型会议类直播平台以腾讯会议、QQ直播、微信视频会议为主，钉钉作为集实时互动、企业管理、视频会议等多功能于一身的平台服务商也成为重要的会议类直播平台。在这一阶段，专业型与大众型会议类直播平台面向的目标用户有限，存量较小，盈利方式单一，但具有固定的商业价值，在整个直播平台行业处于垂直程度较高且较为边缘化的位置。新冠肺炎疫情打破了人们原有的生活秩序，线上工作、线上会议、线上教学的风潮逐渐席卷全国，会议类直播平台开始承担线上工作、线上教学的任务。在此期间，各种类型的会议类直播平台实现了用户数量的爆发式增长，实现了各个领域线上会议常态化的生成，大众型与专业型会议类直播平台的界限开始模糊，以腾讯会议、钉钉、微信直播等平台为代表的大众型会议类平台引领着整个会议类平台的急速发展。在可预见的未来，会议类直播平台将在社会生活中起着更为稳定且持久的作用。

二、会议类直播平台的主体特征

与综合类或专业类直播平台不同，会议类直播平台上的直播承接了线下会议的专业性与严谨性，目的性较强，有固定的直播主题，主播流动性强。在专业型会议类直播平台，根据会议的不同，主播可分为流动主播与固定主播，以视频会议的方式进行直播。固定主播对应现实会议中的主讲人，他们或是单位、项目负责人，站在企事业单位立场进行项目部署，或是单位邀请的业内人士，进行个人经验的分享。流动性主播是指在会议中，主播的角色根据会议流程不断变化，不同的会议进程会有不同的主讲人。在大众型会议类直播平台，会议形式较为随意，用户容量较小，且功能形式单一，具有明确且广泛多元的会议主题。因此，会议类主播平台主播的专业领域、年龄、性别都无固定特征，但由于会议主播为现实会议的主讲人，主播的知识、阅历丰富，其工作能力也较为突出。

会议类直播平台的用户广泛，来自各行各业。根据不同行业与应用场景的需求，专业型会议类直播平台提供了有针对性的场景解决方案。例如，企业直播平台微吼提供了海外直播、活动直播、企业内训与外训直播及户外直播。大多数会议类直播平台的主要直播产品为即时性的国家级、企事业级大型研讨会、分享会、论坛及各类中小型企业会议。会议类直播平台为用户提供视频、聊天、语音、文件传输、会议录播等服务，企事业单位的会议直播围绕企业未来的发展战略、产品发布、营销策略等方面进行。学术型会议类直播则以学术讲座、项目开展等为核心内容。

会议类直播平台的属性单一，其主要的功能在于搭建线上会议平台。用户特征与内容具有极强的综合性特征，具体体现在用户来源广泛，以及会议议题的不重复性与专业性。会议类直播平台为垂直领域提供不同的服务方案，因此，其用户主要来自教育、金融、医疗、信息技术、电商等领域。与其他直播平台不同的是，会议类直播平台的直播厅在直播前需要对直播平台上的点播、互动、文件共享等功能进行调试，甚至安排对直播平台十分熟悉的主持人或技术员进行会议全程把关，对于需要转播的大型会议还须安排专业性较强的摄影师、转播设备等。随着功能逐渐完善，由于具有成本低、易操作等特征,大众型会议类直播平台与专业型会议类直播平台的差距在逐渐缩小,用户存量不断增加。

三、会议类直播平台的直播特点

作为直播的特殊形式载体,会议类直播平台具有许多不同于其他直播平台的特点,集中体现在平台运营、盈利模式、用户特点、互动模式、工具属性等方面。

会议类直播是专业性、综合性及技术性较强的直播形态,可分为图片直播、视频直播、音频直播等不同形式,其直播内容与直播主讲领域息息相关。商业活动直播可通过搭建云现场,给予主办方链接入口从而全方位展示物品信息。而与会议活动相关的商品信息、媒体报道、会议流程等会根据用户需要被直播平台自动收录,成为活动复盘、企业资料存储的重要资源与载体。在此过程中,会议类直播平台充分发挥其工具属性,成为各类活动的记录者与保存者,体现出较强的专业性。除平台本身的专业性与技术性要求较强以外,会议类直播主播的专业性要求也较高。一方面,各领域的主播作为会议主持人在专业内通常具有一定的话语权与决定权;另一方面,大型活动会议直播的主播需要与现场直播执行团队沟通好,提前做好流程梳理、礼仪着装等工作,同时与现场拍摄与转播团队沟通好镜头画面的安排,技术团队还须做好测试工作,保证网络流畅、画面稳定与声音清晰。中小型活动会议虽然没有摄像机等专业技术设备,但主播须掌握直播平台各项功能的使用,从而掌控整个会议流程。

除功能特性、用户特点以外,会议类直播平台的盈利模式和平台运营方式与其他直播平台有所不同。大多数会议类直播平台的盈利模式为根据会议人数、远程指导、现场指导、专家培训等进行不同层次的收费,为不同领域提供不同的场景解决方案。

四、会议类直播平台的代表平台

根据用户对象与功能设定的不同,会议类直播平台主要分为大众型与专业型两类直播平台,二者并非是孤立存在的,随着外部条件的变化与内部经营策略的转变，两类平台已呈现出相互融合的态势。其中，企业类直播平台是专业型会议类直播平台中较为常见的直播类型，主要以微吼、保利威、微赞等平台为代表。除此之外，面向普通大众且技术门槛低的大众型会议类直播平台以腾讯会议与钉钉为主要代表。具体见表2-6。

表2-6　会议类直播代表平台

平台	微吼	微赞	腾讯会议	钉钉
平台属性	企业级视频直播营销平台	专业企业直播服务提供商	音视频会议产品	企业智能移动办公平台
用户	企业	企业	个人、企业	企业
功能	视频会议、场景营销、用户精准链接、微吼云工具	视频会议、互动营销、数据分析、安全存储	视频会议、高清储存、在线文档、共享文件、社交接口	视频会议、企业社交、移动办公
盈利模式	付费课程、包年制、按需计费	包年制、裂变分销	专业版会议	电话会议、钉盘扩容、人数扩容
优势	适用于中大型会议，稳定性高	有技术实力，创新产品，细分市场	微信入口极为便利，免费模式形成用户优势	提供企业内部管理方案与外部管理方案

　　微吼与微赞直播所服务的对象皆为企业，并根据不同需求推出了标准版、专业版与旗舰版服务，功能多样。除此之外，二者的盈利模式也较为相似，通过推出包年服务、定制服务进行收费。但微吼直播会议的容量较大，一场会议可容纳10万人，且稳定性好。微赞根据企业用户特点提供直播方案，分为广电版、电商版、导购版直播，企业用户可对号入座，增强了直播方案的针对性。作为大众型会议直播平台，钉钉与腾讯会议对用户进行较为细致的分层，其"免费+付费"的模式也受到大批用户的欢迎。钉钉从企业内部管理出发，促进办公的移动化与智能化，针对企业员工社交、材料审批、文件传输、考勤打卡等提供一体化解决方案，积累足够的用户存量及建立黏性企业群体后，推动外部直播业态的引入。腾讯会议推出专业版与普通版会议类直播，并在新冠肺炎疫情期间推出300人以下用

户并发数的不限时会议直播，同时接入微信小程序端口，极大地提高了用户存量，成为普通用户与中小型会议的首选。

五、会议类直播平台的现存问题与发展对策

（一）会议类直播平台的现存问题

会议类直播平台经过多年的发展已形成了较为固定的用户群体与经营模式，主要针对企业用户推出的直播服务也为会议类直播平台带来了稳定的收入。应用程序编程接口（application programming interface，API）/软件开发工具包（software development kit，SDK）定制下研发专属直播系统、接入多种视频协议与入口也为会议类直播平台的发展提供了更多可能。但技术与专业所带来的一系列问题也成为会议直播平台进一步发展的绊脚石。

会议直播对于企业用户来说极具专业性与技术性，但对会议主持人提出了更高的要求。传统线下会议的主持人需要做好礼仪着装、流程管理、主持串场等工作。而在线上会议中，主持人还须提前与直播团队沟通流程，熟悉直播平台的使用，主持串词时在直播平台上进行操作与管理，往往分身乏术。因此，大中型会议中通常需要引入专业技术人员进行指导或设置管理员进行管理，而这又在一定程度上增加了管理成本。同时，为寻求差异化发展，各大平台推出了技术性、功能性更强的直播服务，如腾讯会议推出了单点登录、直播推流等服务，增加了主播掌握直播技术的难度。除主播需要掌握一定的技术操作知识外，会议直播的正常进行不仅依赖于平台的功能齐全及系统稳定，还依赖于通信网络的顺畅。而在实践中，许多平台存在闪退、操作失灵等状况，用户体验有待进一步提高。

另外，许多专业型会议类直播平台收费较高，劝退了一部分潜在用户。例如，微吼直播推出的包年套餐分为6 000元、11 999元、19 998元三个档次，其流量及直播产品在业界都十分昂贵，仅适合大型会议直播。由于收费模式不一，许多会议类直播平台的收费标准不一。以保利威直播为例，其主要根据用户流量、市场、功能、账号、储存空间、频道号等，收费模式十分复杂且收费较高。

会议类直播平台虽然在直播领域属于专业性直播，但在利润驱动下，行业内竞争较为激烈，出现了会议直播功能同质化现象。腾讯会议推出的同声传译采用人工智能解决方案，支持设置17种传译员，但其翻译质量受到了部分用户的质疑。

（二）会议类直播平台的发展对策

随着商业经济的不断发展，会议直播需求增加，会议在传统电视直播、单机位直播或多机位投屏直播中仍占据首要地位。而现今会议用户与平台方都更加注重直播功能的打造，因此，平台方要完善会议直播中互动功能的构建。会议直播无法实现视频多对多、一对多的话语互动，仅支持单人或一对一话语互动，平台方应将会议互动控制权交给主播，除设置常用举手发言、签到等基本功能外，还应丰富线上会议互动形式，且降低应用门槛。而为解决功能升级带来的技能需求越来越高这一问题，会议类直播平台应制定详尽的使用指南，以视频或图片的形式实现用户教学，同时完善客服功能，采用人工服务与机器服务相结合的方式为用户提供反馈与咨询服务，在必要时提供付费线下或线上技术指导服务。

现今，众多会议类直播采用"线上+线下"的直播模式，线下是在线上会议召开前做好宣传推广、用户并发数统计、文件管理、彩排等前期对接工作，还包含大中型现场会议的现场拍摄与转播工作。线上直播则指多地同时接入云视频会议端口，平台为会议主持人提供智能成员管理与互动点播功能，同时对会议数据进行管理分析、下载缓存等处理。平台方应进一步完善"线下+线上"的直播模式，制定行业内统一的收费标准，为用户提供"互动+会议+智能管理"等功能更加完善的云端会议室。

第五节 体育类直播平台

体育类直播平台以专业体育赛事或大众体育为主要直播内容。除老牌CCTV-5央视体育频道及其他电视台中的体育直播平台外，大型门户网站及其他互联网视频网站也逐渐加入体育类直播的竞争中，并且发展出了众多新玩法。

一、体育类直播平台的含义与市场现状

（一）体育类直播平台的含义

体育类直播平台是指以体育作为主要内容的直播平台，是行业直播平台中发展较早的直播平台。根据播放渠道、特征属性与技术运用的不同，可将现今的体育类直播平台分为网络体育类直播平台与电视体育类直播平台。电视体育类直播平台是我国发展最早的体育类直播平台，主要包括现有的 CCTV-5 央视体育频道、上海体育电视台等购买体育赛事版权进行转播的直播，以及网络上对赛事的解说直播，以满足体育爱好者的需求。电视体育类直播平台是重要的体育直播渠道，依靠严格的监管制度、成熟的运营模式及强大的技术资金优势，在奥运会、冬奥会等国际性体育赛事中仍是稳定性、清晰度最好的播送渠道。网络体育类直播平台则是在互联网技术支持下，网络平台实时向非赛场观众转播体育赛事或其他体育内容，是在网络直播的发展下出现的行业细分品类。与电视体育类直播平台相比，网络体育类平台直播内容的娱乐性、互动性、多元性特点更为突出，是本书的主要研究对象。随着移动直播平台技术的发展，体育类网络直播平台已成为发展较早、规模较大、运营模式较为成熟的行业网络直播平台。

（二）体育类直播平台的市场现状

在 2006 年网络直播尚未形成燎原之势前，体育爱好者观看各类体育赛事直播的首选平台为 CCTV-5 等体育类电视台、1996 年成立的央视网。2006 年 PPLive 网络平台在线转播德国世界杯，拉开了网络体育直播的序幕，同时标志着视频网站直播体育赛事的开始。自此以后至 2013 年，体育类直播进入了网络直播与电视直播的长期竞合阶段，二者互惠互利，电视官方频道通过向网络直播平台分销版权获取收入，网络直播平台通过承接大型赛事直播形成平台强大竞争力。在这一阶段，各大门户网站引领体育直播的发展，推动体育直播从图文叙事转向更为直接的视频呈现。新浪

网、搜狐网分别取得了女排世界赛、欧洲冠军联赛、NBA、英超、中超、德甲等国际性赛事的直播权，纷纷完成了在国际性体育赛事中网络视频直播的布局。随后迅猛发展的视频网站也加入了体育网络直播阵营。2008年取得央视网授权并得到奥运会互联网转播权的门户网站与视频网站分别占了四席位。2014年央视网获得了巴西世界杯的独家直播权，体育网络直播开始走向更为规范的发展时期。

　　2014年至今，体育直播平台走向规范化。首先，4G技术及5G技术为体育直播向移动端发展打下了坚实的基础。进入4G时代后，移动体育直播进入了发展快车道。懂球帝直播、章鱼TV、企鹅直播、音速直播等体育直播平台纷纷出现。其次，积极布局移动端的门户网站与网络视频网站纷纷推出App终端，同时设立"体育社区"板块，完善赛事观看及社交互动功能。以腾讯体育为例，依托于QQ、微信庞大的用户群，腾讯将社交媒体用户引流至体育社区中，在获取固定的用户量的同时，在强大的技术与资金支持下打通社交与体育的渠道，提升用户的个性化观赛体验。最后，微博等社交媒体的加入为延长体育直播产业链、形成体育趣缘群体产生了巨大的作用。2016年，微博与美国国家橄榄球联盟（National Football League，NFL）达成合作，正式进军体育直播领域。"超级碗"的实时赛况直播、精彩的短视频联动形式、"NBA微博直播"的"短视频+实时赛况+原创节目+社交互动"的形式营造了个性化的直播场景。2018年，国务院发布了《国务院关于加快发展体育产业促进体育消费的若干意见》，放宽了赛事版权限制，各大媒体可以直接购买或转让除奥运会、亚运会、世界杯足球赛外的其他国内外各类体育赛事。这对业内哄抬版权价格、垄断赛事版权等行为予以了重要规范。

二、体育类直播平台的主体特征

（一）体育类直播平台的主播特征

　　体育类直播平台实现的"体育+直播"形态融合为大批热爱运动并喜欢解说的体育爱好者提供了重要的机会。体育类直播界的主播又称"解说员"，具有极强的专业性特征。绝大多数主播并未参与到实时体育赛事中，因而直播的对象多为国际性体育赛事与某一专业领域的中小型赛事。根据体育类直播的发展阶段与特点的不同，主播的呈现方式主要有三种：第一种是以中央电视台为代表的"声音解说+赛事直播"的呈现形式，解说员通常拥有专业主持人与体育节目解说员的双重身份，根据赛事直播做声音解说，呈现出较强的个人风格，而主播本人并不露面。因此，在电视、互联网尚未普及阶段，听众仅通过收音机便能"观看"整场比赛。第二种是"主播解说+主播画面+实时赛况"的呈现形式。这类直播内容通常为UGC，与游戏领域主播的直播方式类似，解说员以赛况直播作为主要画面呈现，在画面左上角或右上角呈现主播本人的声音与解说画面。第三种是以"实时赛况+解说画面"交叉呈现为主的呈现方式，解说员以解说国际性赛事体育节目为主，是体育直播的新形式。在体育比赛休息的间隙，直播画面会转向体育节目直播间，节目主持人邀请相关项目的专业教练或其他具有话语权的专业人士作为主播共同进行解说与评价。

（二）体育类直播平台的产品特征

体育类直播平台的直播产品主要可以分为两类：一类是业内认知度较高的大型赛事直播与解说；一类是由体育直播平台自制的赛事直播与解说。大型赛事直播是各大体育直播平台争抢的重点，在赛事资源有限与直播平台不断拓展经营业务的背景下，对大型赛事直播版权的竞争愈演愈烈。围绕大型赛事，技术上的发展与提升也十分明显，如央视体育直播平台作为奥运会、欧洲杯的主要播送平台，针对各类体育项目制作了相应的电视直播节目。腾讯在2015年获得我国内地5年的NBA独家播放权后，围绕NBA赛事建立了专业演播室，引进了AR系统、虚拟包装等先进基础技术，还引进了极为专业的解说主播，拉开了体育直播付费观看的序幕。大型赛事的播放版权费十分高，倒逼体育平台自制IP作为体育直播的主要内容，吸引用户观看。以新浪体育所组织的"3×3篮球黄金联赛"为例，从诞生至2020年，黄金联赛已成功举办了6届，成为极具影响力与商业价值的篮球赛事，不仅带动了周边直播产业的发展，还为平台创造了版权收入。同时非官方主播进行的体育类直播不断出新，推出用方言解说等别具风格的直播内容。

（三）体育类直播平台的用户特征

体育类直播平台的用户具有较强的趣缘性、综合性特征。趣缘性是指体育直播观众在不同的运动偏好驱动下选择某类体育直播的目的性较强，具有相同爱好的观众聚集形成趣缘圈子。综合性是指体育直播平台根据不同运动爱好者的偏好，囊括了各类体育项目与活动。从最初的足球、篮球、乒乓球等运动，到国民观看度极高的奥运会、冬运会，再到斯诺克、滑雪等体育项目，网络体育直播平台与电视台频道都具有相应的直播内容。

三、体育类直播平台的直播特点

与游戏类直播平台类似，对于大型赛事，体育类直播平台的传播时效性极高，且受众范围比游戏类直播更为广泛。体育类直播平台的跨界化趋势愈发明显。极强的传播时效性可使用户在第一时间获得运动员获奖信息、主播解说评论，并参与热点话题的讨论。在社交媒体的话题发酵下，具有极高关注度的运动员还会成为各类周边新闻的热点。受众范围广泛是指由于电视直播也是体育类直播平台的重要组成内容，其覆盖的年龄段与领域范围更为广泛，如奥运会直播的受众几乎占据整个年龄段，中超、英超、西甲等国际性赛事的受众是某一体育细分领域的趣缘群体，其他自制性 IP 赛事聚集的则是平台的深度使用者。除此之外，与其他领域进行积极融合也是体育类直播平台的重要发展趋势，"体育直播+教学"是体育类直播 UGC 的重要内容，主播可通过实时的线上直播跨越时间与空间，达到线上线下同步教学的目的，实现了直播、体育、教学等多种要素的融合。

电视体育直播经过二十多年的发展，已形成了成熟稳定的运营模式与经营策略，在主攻细分体育直播领域的同时兼顾大众化市场。网络直播平台引入 PGC、PUGC（UGC+PGC）、UGC，将各类体育项目划分为独立的直播社区，主攻细分体育直播领域，同时营造综合性体育直播社区平台。二者在盈利模式、经营策略、用户运营等方面存在诸多差异，其中互动性是网络体育直播平台区分于传统电视体育直播平台的重要特征。以足球领域网络体育直播平台"懂球帝"为例，平台在移动端 App 不仅布局了较为普遍的互动社区，同时还推出了话题圈子，进一步凝聚用户，形成具有一定排他性但互动度、黏性更高的用户群体，增加价值变现的可能性。电视体育直播平台与网络体育直播平台在多年实践中相互补充、相互合作、相互竞争，共同构成大众化与专业化并存的体育类直播领域。

四、体育类直播平台的代表平台

在2015年整个网络直播迎来爆发期后，体育直播领域也进入了发展快车道，各类资本纷纷涌入，新兴网络体育直播平台也不断出现，传统电视体育直播频道与网络体育直播平台进入竞合深水期，各大国际赛事版权被瓜分完毕。同时，为了给观众提供更好的观看体验，各类体育直播平台频频"出新招"，进行跨界探索及完善社交形态，体育直播领域呈现向好态势。此处以老牌电视体育直播频道CCTV-5、发展较早且开辟出独特发展道路的门户网站直播平台新浪体育，以及具有极强代表性的章鱼TV与腾讯控股下的企鹅体育作为代表性体育直播平台进行分析。具体见表2-7。

表2-7 体育类直播的代表平台

平台	章鱼TV	企鹅直播	新浪体育	CCTV-5
定位	全民原创互动体育直播平台	品类最全的体育赛事直播平台	实时专业体育新闻与赛事报道	中央电视台体育频道
经营业务	赛事资讯、直播互动	赛事资讯、直播互动、竞猜互动	直播转播、社区互动、自制赛事	直播转播、体育新闻、专业点评
内容属性	PUGC	PUGC、UGC	PUGC	PGC
赛事版权	中超、英超、欧冠、西甲、德甲	NBA、CBA、欧冠、英超、西甲	欧冠、英超、中超、中甲、NBA	澳网、世界杯、NBA、CBA、国足
优势	免费观看、赛事丰富，"章鱼部落"提供互动社区	具有丰富的赛事版权，具有资金与技术基础	自主开发IP赛事，实时进行体育报道与社交互动	具有丰富的赛事版权，进行深度体育评论与报道

章鱼TV与企鹅直播是网络体育直播领域的代表性平台。章鱼TV成立于2015年，遵循较为经典的"直播+社交"的经营模式，将赛事资讯与社

交互动生态营造作为主要的经营方向，引入专业用户进行直播，营造"章鱼部落"这一趣缘社区。免费模式与趣缘模式的结合为章鱼 TV 培养了大批忠实用户。企鹅直播作为企鹅电竞的"手足"及腾讯战略布局重要的一环，依托于腾讯强大的技术与资金优势，在 2015 年以 5 亿美元获得 NBA 的 5 年独家播放权，吸引了极多运动爱好者。CCTV-5 是以播出体育赛事和体育报道为主的专业电视频道，拥有极为丰富的赛事版权，在大众领域具有极高的知名度。新浪体育是我国门户网站较早开始探索体育直播的重要成果，它对 IP 赛事孵化的尝试为体育直播开辟了全新的道路。自 2015 年起，新浪体育自主推出的"3×3 黄金联赛"、"5×5 足金联赛"、滑雪、马术等赛事项目陆续上线，成为各领域具有较高商业价值与影响力的拔尖项目。

五、体育类直播平台的现存问题与对策

（一）体育类直播平台的现存问题

体育类直播平台是网络直播平台中较早发展的直播门类，经过近二十年的发展，已逐步形成了较为成熟的运营模式且占有较稳定的市场份额，但技术限制、侵权、盈利模式单一、直播人员专业性不足等问题制约着体育类直播平台的进一步发展。

进入 4G 时代以来，"高清不卡屏"成为众多直播运营商的响亮口号，但在众多体育类直播平台的实际运行中，仍然存在着直播视频卡顿、音画不同步等现象，极大地影响着用户的使用体验。一方面可能是用户网络速度慢、无法正常连接等因素导致的，另一方面可能是运营商视频播放源负载过重导致卡屏或移动终端无法有效兼容导致的。而 5G 技术的直接投入使用并非易事，需要与旧版本进行融合、功能兼容，因此，技术制约仍是体育类直播平台面临的重要问题。同时，直播侵权也是体育类直播平台面临的重大困境。体育类直播平台以极高价格获取国际国内赛事直播版权，并将其作为主要内容资源进行运营。而外部法律并未对新媒体网络赛事转播权进行定义并明确权利归属，给予犯罪分子可乘之机。盗播除了给直播版权方带来巨大的经济损失、形成不良行业风气外，还在盗播链接中穿插

色情、暴力等引导或强制性页面信息，极大地破坏了体育直播领域的良好生态环境。

  盈利模式单一与体育直播人员专业性不足也制约着体育类直播平台的发展。体育直播发展至今，电视体育类与网络体育类直播平台的主要盈利来源有版权分销、广告代言、VIP 收费等，但尚未摆脱免费观看的经营模式。2015 年，腾讯以高价获得 NBA 转播权后，进行了付费观看的尝试，在一定程度上动摇了免费观看模式的地位，但收效未达到预期。此外，体育类直播具有一定的连贯性，观众在观看时往往无法分心对主播进行打赏，体育类直播平台需要开拓更多元的盈利渠道。体育直播人员专业性不足是指现今以企鹅直播为代表的平台将 UGC 作为重要的内容来源，存在主播解说能力低的现象。

（二）体育类直播平台的发展对策

  现今我国法律制定的速度远远赶不上网络媒体发展的速度，因此，针对国内体育类直播平台存在的侵权等问题，国家有关部门要加快完善相关的法律法规，明确赛事转播权的定义与归属，同时加大对体育类直播平台内容的抽查频率与监管力度，保证内容的合法健康性。体育直播领域也要树立明确的版权意识，加强行业内的相互合作，形成行业内监督与规范机制，一旦发现违规现象立刻加以管理与举报，同时加大对区块链等技术的引入力度，提高打击盗版的精确度。

  除对版权问题加以规制外，体育类直播平台应加大终端布局力度。第 47 次《中国互联网络发展状况统计报告》显示，截至 2020 年 12 月，我国网民使用手机上网的比例达 99.7%，较 2020 年 2 月提升了 0.4 个百分点。① 由此可见，以智能手机为代表的移动终端已成为用户上网的主要入口，体育类直播平台要积极布局移动终端的直播平台，努力解决由新旧版本或终端版本的不同造成的技术不兼容的问题，改善用户的观看体验。此外，体育类专题报告平台应积极拓展盈利途径，打造自身品牌，完善用户

---

① 中国互联网络信息中心. 中国互联网络发展状况统计报告[EB/OL].(2021-02-3)[2021-02-16].http://cnnic.cn/hlwfzyj/hlwxzbg/hlwtjbg/202102/P020210203334633480104.

举报反馈功能，不仅要推动"免费+付费"相结合，设置付费点播，形成可持续性发展的体育直播生态环境，还要在争取有限赛事资源的情况下采用差异化、垂直化经营策略，深耕单一领域，营造良好社交生态，进而形成良好的体育直播发展环境。

第六节　专业领域类直播平台

直播技术为各行新业态提供了发展机遇与新空间。2017年以来，直播行业与其他专业领域的融合趋势逐渐加强，联系日益紧密，"直播+"这一新产业方向成为众多企业营销的选择。除了上述已形成一定产业规模且在大众中传播较广的娱乐类、购物类、游戏类、体育类、会议类平台外，直播平台还进入了企业的垂直领域，形成专业领域类直播平台。下面以专业性较高且极具发展前景的专业领域的医疗直播与教育直播为主要对象进行研究。

一、医疗类直播平台

一直以来，医疗领域都极具专业性与神秘性，这种神秘性体现在出于卫生安全的考虑，手术过程不被公开，以及高科技医疗与专业医疗的大众认知度低。神秘性与专业性带来的医患沟通不畅、手术不透明、行业间资源不均、信息封闭等问题成为医疗行业的痛点。基于此，有互动、公开、实时等要素特征的直播进入医疗行业，"直播+医疗"逐渐成为两个领域发展的新方向。医疗直播最早可追溯到1988年中国人民解放军总医院以卫星为工具，与德国一家医院进行神经外科远程病例讨论，这也是国家层面上医疗直播实践的重要代表。在国家政策的扶持与导向下，越来越多的医院建立远程医疗中心进行远程直播会诊。

除国家层面的远程医院外，现今医疗直播的应用场景主要可分为手术直播、学术直播、医师培训、知识科普等，其直播主体皆为具有医疗领域知识的专业人士。根据直播内容划分，手术直播又可细分为远程教学、院间合作交流等。手术直播突破了空间上的限制，极大的直播间用户容量让更多医生实时远程参与到专家的手术观摩中，同时也有利于规避传统医疗教学中手术室人数过多、手术室消毒工作繁重等问题。学术直播是"医疗+直播+教育"三重业态的融合，医疗科研领域通过研讨会直播、讲座直播进行实时沟通，有利于实现更大容量、更低成本、更方便的学术交流，提高会议效率。医师培训与学术直播、手术直播的共通之处，是突破场地限制，统一进行教学示范。与前三类医疗直播的用户是医疗人员不同，知识科普类直播的用户是大众。随着人们物质生活水平的不断提高，越来越多的人注重日常养生，而微信、微博、抖音等社会化媒体与短视频平台所传递的养生内容良莠不齐、泥沙俱下，专业医疗直播则承担着辟谣与科普的职责，传播科学的养生知识。

除直播内容与直播主体呈现出较强的专业性特征外，医疗类直播平台在技术上也具有排他性特征。以医疗领域较具代表性的直播平台欢拓云为例，由于手术直播的对象大多是病患，整个过程较为严肃，企业、医院主播在进行直播前对设备进行统一消毒。平台不仅提供专业的医疗摄影技术指导，突出摄影的重点，还采用先进直播信号识别处理技术，保证手术直播在手术室封闭空间内可流畅进行，同时还支持较高分辨率的高清、超清传输，使专家的每一个操作步骤都清晰可见。目睹 TV 根据医疗行业的特点，支持"5G+8K"进行稳定传输，还支持以行业更高标准 32 路音视频互动实现多路连麦，还加入了报名、发弹幕、分享、评论等暖场互动功能。以欢拓云为代表的深耕专业领域的综合性企业直播平台服务商是医疗领域的主要直播平台。这类直播平台培育了较为固定的用户队伍，具有极高的技术水平，提供针对性极强的医疗解决方案，有固定的盈利来源，医疗直播成为直播领域极具发展潜力的一片蓝海。

二、教育类直播平台

"直播+教育"这一特殊直播形态作为在线教育的衍生形态，经过广播直播教育、电视直播教育、互联网直播教育、高速全媒体直播教育四个阶段的发展,现已成为直播领域发展势头强劲的直播形态。① 在2020年疫情防控"居家学习""居家隔离"期间,教育直播行业蓬勃发展,各类教育直播平台不断涌现,技术不断成熟,直播功能更为完备,种类更加齐全。以腾讯会议及钉钉为代表的会议类直播平台与企业管理直播平台几乎占据整个线上授课直播的半壁江山,老牌线上教育平台CCtalk、新东方、慕课等也不断发力。

  根据功能架构与目的的不同,现有的教育类直播平台可分为两类:一类是综合性较强的腾讯会议等平台,这类平台不仅可以满足中小型会议需求,还可满足大多数线上教学的需求,其实际操作流程是教师预约定时房间或直接创建实时房间,设置会议密码后由学生通过腾讯会议App、微信小程序或手机电话(这类渠道应用较少)进入会议。在授课过程中,教师可打开摄像头和语音,用分享屏幕代替传统黑板进行授课,学生通过举手、评论、发言等操作实现与教师的对话。腾讯会议还推出了录制等新功能,实现了教学领域的"直播+录播",方便学生就疑难处进行反复学习与观看,提升学习效率。另一类是专业性较强的钉钉、慕课、CCtalk等教育直播平台,这类平台不仅注重搭建线上教育直播渠道,还针对学生课前与课后的学习巩固进行特色功能的搭建。例如,CCtalk支持极速直播、普通直播与高清直播三种直播模式,教师可根据教学场景与网络设备选择合适的模式。此外,借鉴社交化媒体中的社群功能,老师可创建个人直播间的管理群,对学生进行统一管理,同时在管理群内发布相关课程信息、作业、讨论帖、公告等。CCtalk等教育直播平台不仅注重完善传统线上直播过程中的直播与互动功能,同时深入挖掘线上教育场景,开发课前预习、课中随堂练习与课后作业布置三个不同阶段的需求,实现线下教育场景的完美复刻,甚至构建更全面的教育直播机制。值得注意的是,以CCtalk为代表的教育类直播平台不仅吸引传统学校老师在特殊时期进行线上直播授课,还吸引着众多在某一专业领域有较深研究或具有专业技术的网络教师

---

① 王运武,王宇茹,洪俐,等. 5G时代直播教育:创新在线教育形态[J]. 现代远程教育研究,2021,33(1):105-112.

入驻，使网络课程更丰富、互动形式更多元，不仅满足了在校生的学习需求，还为其他领域具有学习需求的人提供了门槛更低、成本更低的学习机会，契合了当代直播大众化、落地化的特征与发展趋势。

除医疗类直播平台与教育类直播平台外，新兴专业领域直播也在不断涌现，直播内容更为丰富，它们广泛分布在各种极具综合性的泛娱乐类直播平台，不仅满足了部分受众的娱乐、学习等需求，同时为平台提供源源不断的发展动力。例如，红豆、一直播等平台发展"直播+科普"形态，满足受众的科普需求，哔哩哔哩推出了学习自习室等特殊直播间，使"线上陪伴学习"这一新概念走入人们视野。此外，"直播+旅游""直播+公益"等新形态纷纷出现，专业领域直播已成为众多直播平台发展的新蓝海。

第三章 网络直播中的视觉要素

教学目标：掌握网络直播中的视觉要素，通过欣赏、分析等将所学知识运用到实践中。

教学重难点：本章从二维平面、三维实体、虚拟空间、主播形象设计等方面，全面总结和分析了网络直播中的各视觉要素，其中图形设计、界面设计、三维空间设计为本章的重难点。

网络直播的观众不再单一地接收视觉和听觉信息，而是通过各种动态效果、可变的信息与主播和其他观看者进行实时互动。在网络直播中，具体的视觉元素主要分为两部分：一部分为图形、文字、可交互界面等平面元素；另一部分为直播中的实体，包括实体场景和舞台、虚拟空间及网络主播的形象。从视觉设计的角度来说，它们所具有的共同属性是图像和色彩。因此，通过对页面中图像和色彩的组织，形成合理的视觉逻辑语言，使观众在观看直播的过程中获得良好的体验，是进行网络直播视觉设计的目的。

第一节　二维平面视觉要素

网络直播中的二维平面视觉要素主要包括图形、色彩、界面、布局等。本节将从视觉传达设计的角度对各要素进行分析。

一、图形

图形是通过绘制、拍摄等手段产生的图像符号，是具有说明性和象征性的图画形象，是传播信息的视觉形式。直播软件的界面设计常常利用静止或动态的图形来表现创意，以此获得最佳的视觉效果。除了文本、色彩以外，图形是最重要的设计元素，在界面的视觉展示方面起着至关重要的作用。图形的表现力强，表现形式多样，常用于标题、按钮、界面背景等。

点、线、面是几何学的概念，也是图形界面设计中的基本构成元素。在界面设计中，无论元素多么复杂，都可以被简化为点、线、面。一个字母、一个数字可以被理解为一个点；一行文字、一行空白可以被理解为一条线；一段文字、一块空白、一个色块则可以被理解为一个面。它们相互依存，相互作用，结合形成各种各样的形态，构建出千变万化的作品，是画面的构成要素。

（一）点

在平面设计中，点是最基本的视觉单位。在数字界面中，一些相对较小的视觉形象可以作为点，如图标、按键、单个的文字等。点的大小、形

状、位置等不同，所产生的视觉效果也不同，对人产生的心理作用也不同。比如，圆形给人平稳、饱满、浑厚的感觉；方形则给人

图 3-1　点的形式

端庄、大气、踏实的感觉；三角形或不规则图形给人的感觉是年轻、个性、独立，如图 3-1 所示。

在画面中，点与其他元素相比，是最容易吸引人视线的。点的大小、数量、空间排列方式不同，产生的心理效应不同，达到有秩序、活跃、轻巧、有节奏感等不同的表现效果。

画面中的单点与大量留白，可形成强烈的对比，使得单点更加引人注目，是画面上的焦点，并且赋予画面安静感。将点按一定方向有规律地排列，还可以给人留下点的移动产生线化的感觉。点化的线既有线的优势，又有点的特征，是一种较常用的设计方式。在界面设计中，标题、文字等通过点化线的方式呈现，具有强烈的节奏感和方向感。点的规律排列或聚集，还可形成面，构成不同形状的虚面形状。此外，不同形状、大小、颜色的点排列，也可以产生空间感和立体感，如图 3-2、图 3-3、图 3-4 所示。

图 3-2　直播界面中的点　　图 3-3　直播界面中的单点　　图 3-4　直播界面中不同点的排列

（二）线

线在几何上的定义是"点移动的轨迹"，有粗细、长短、形状、方向等特征。有时线在视觉上不是客观存在的，而是依靠视觉作用产生的，如很多连续的点形成的虚线。在设计中，线的主要作用是引导人的视线，并分割画面。线还能表现出强烈的个性和独特的艺术效果，具有很强的表现力，给人以不同的情绪感受。

水平直线给人开阔、安宁、平静、沉稳的感觉，使页面设计具有平衡美。垂直线条给人以庄严、崇高的感觉，体现直接明确的寓意。斜线具有现代感，更加活泼、动感，给人以饱满的视觉冲击力。曲线更加柔美、优雅，富有旋律，给人以轻松活泼的视觉感受，具有女性化特征。

线还有丰富的表现形态，如有形与无形、硬边与柔边、实线与虚线、粗线与细线、深线与浅线，不同的线会产生不同的视觉感受。

细线具有纤细的形态和柔软的质感，在视觉上给人细腻的感觉；粗线拥有比细线更鲜明、更直观的视觉形象，还具有引导视线的功能。长线有修长感，可打造延伸效果，短线则更加精致细腻。

（三）面

就几何意义而言，面是线的移动轨迹收尾相接而形成的，有长度、宽度，却没有厚度。在界面设计中，面的形态是多样的，不同形态的面展现不同的情感和个性。

一般把面分为几何形和自由形两大类。几何形面能起到协调与融合其他元素的作用，使版式有变化，分割画面，同时又不会显得凌乱。自由形的面指自然或人工合成物体的形态符号，如植物、动物造型的面，具有强烈的象征意义和代表性。界面设计中运用自由形的面，可使作品更加形象具体。

二、色彩设计

在网络直播界面中，色彩起到引导用户行为和影响用户心理的重要作用，对于直播界面的设计非常重要。直播内容的色调及颜色的搭配决定了界面设计的色彩基调，界面颜色搭配是否合理会直接影响用户的情绪。有关实验表明，人所感知到的信息中的80%来自视觉。而在视觉感知中，色彩的作用非常重要。研究显示，人们在观察事物时，最初的20秒色彩感觉占80%，形态感觉占20%，2分钟后色彩感觉占60%，形态感觉占40%，5分钟后各占一半。优秀的色彩搭配可以给用户带来强烈的视觉冲击力，只有掌握色彩的基础知识，才能设计出风格独特的数字交互界面。

（一）色彩的属性

色彩具有三个重要属性，即表示红、绿、蓝等色彩程度的色相，表示色彩亮度的明度，表示色彩鲜艳程度或纯度的饱和度。此外，色彩还具有色调、冷暖等特性。

1. 色相

色相是指构成色彩本身的主要颜色，通常是色轮表上的原色或次生色，如红色、绿色、黄色、蓝色、橙色、紫色等。原色是指不能通过其他颜色混合而得出的基本色，即红、绿、蓝三原色。次生色是指将不同比例的原色混合后得出的颜色，如黄色、青色、洋红色。三原色的色彩最纯净，可以调制出其他色彩，而次生色不能调配出三原色，如图3-5所示。

图3-5　三原色与次生色

2. 明度

明度指的是色彩的亮度。任何色彩都具有明度值，亮色的明度值高，暗色的明度值低，明度值最高的为白色，最低的为黑色。

孟塞尔的色立体理论把明度由黑到白分成9个色阶、3个明度基调：1—3为低明度色阶，4—6为中明度色阶，7—9为高明度色阶，如图3-6所示。低明度色阶给人以厚重、沉闷、庄严等感觉；中明度色阶给人以饱满、丰富、稳定、成熟的感觉；高明度色阶给人以年轻、活泼、明快、积极、华丽的感觉。

图 3-6 低明度（左）、中明度（中）和高明度（右）

3. 饱和度

饱和度是指色彩的纯度或鲜艳程度。饱和度最高的色彩就是色彩本身的原色，随着饱和度的降低，色彩就会变为暗淡的灰色。饱和度越高，色彩的色相就越鲜艳；饱和度越低，色彩的色相就越暗淡，最后变成无彩色。在直播界面设计中，饱和度高的色彩设计给人以华丽、年轻的感觉，饱和度低的色彩则给人以朴素、安静、沉稳的感觉。

（二）色彩的运用

色彩具有相对性，特定的颜色在使用过程中会被周围的颜色衬托得不同，不同的颜色组合会对整个色彩设计产生不同的效果。因此，在直播界面设计中，设计者需要仔细衡量色彩的组合。

1. 色彩的统一性

在界面设计中，色彩的统一性是指画面要有一个主色调，如冷色调、暖色调，红色调、绿色调、黄色调，而不是绝对完全做到统一。界面设计如果没有统一的色调，任其局部色彩变化，整体效果必然很乱，表达不出统一的情感和情调。图 3-7 中，直播界面使用了黄色的主色调，与直播中人物的背景色调结合，使得画面色彩看起来和谐统一。

图 3-7 以黄色为主色调的直播界面

2. 色彩的互补性

互补色是指色轮表上 180 度相对的颜色（图 3-8），如蓝色的互补色是橙色，黄色的互补色是紫色。当在画面中使用互补色时，画面中的元素会显得对比度更强，红色更红、绿色更绿，增强了视觉上的冲突感。图 3-9 中，蓝色的天空与橙色的人物形成强烈对比，使画面显得十分明亮。画面中的其他元素如文字也使用了与蓝色互补的橙色。

图 3-8　互补色

3. 色彩的温度

色彩的温度指人对色彩的感知，是对于色彩的冷暖感觉，如图 3-10 所示。红、橙、黄、棕等颜色往往给人热烈、兴奋、热情、温和的感觉，所以为暖色。绿、蓝、紫等颜色往往给人镇静、凉爽、开阔、通透的感觉，所以为冷色。色彩的冷暖感觉又被称为冷暖性。色彩的冷暖感觉是相对的，除橙色与蓝色是色彩冷暖的两个极端外，其他许多色彩的冷暖感觉都是相对存在的，比如紫色和黄色，紫色中的红紫色较暖，而蓝紫色则较冷。

图 3-9　直播界面中互补色的使用

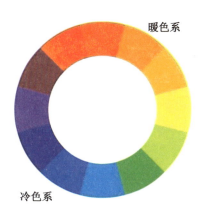

图 3-10　色彩的温度

图 3-11 暖色调（左）与冷色调（右）

色彩的冷暖可能会影响直播观看者的心情。冷色被认为是舒缓的、宁静的，具有令人放松的效果；暖色被认为是令人兴奋的、活跃的，可以吸引观看者的注意力。设计师应该注意到这些色彩的关联，以创建一个特定的视觉效果，比如，想塑造一种平静的感觉，使用冷色是最好的选择；想引起观众注意，创造温馨的氛围，则可以使用明亮的暖色调。图 3-11 中，暖色调的直播画面营造出明亮、青春的氛围，冷色调的直播画面则给人冷静、优雅的感觉。

三、界面设计与布局

直播软件从最初的电脑网页端直播发展到现在的移动端直播 App，直播的功能和内容不断变化，直播界面的设计风格也在不断变化。移动直播设备的界面有特定的载体，在进行设计时需要充分考虑设备的各项性能，包括产品的外观，要将界面与设备组合成一个统一的完美整体。同时移动直播设备的界面设计要充分考虑直播内容、受众需求、审美要求、品牌形象，从而形成多样化的界面设计风格。

（一）直播界面设计的内容

1. 功能页面

移动端直播软件的界面一般根据模块内容和功能的不同可分为 3—5 个主功能页面，如直播选择页面、交友页面、聊天页面、个人资料页面等。

在直播选择页面中，缩略图是重要的视觉元素，是直播内容展示的封面。用户面对直播窗口，在不了解直播内容的情况下，只能根据缩略图所提供的信息来进行选择。制作精良的封面图片更能引起用户的注意，更容易在众多直播窗口中脱颖而出，如图3-12所示。因此，缩略图片的展示对直播界面来说尤为重要，其设计应注重以下几个方面：

① 重复具有相似性的视觉元素，通过元素的布局创造界面的韵律，如利用相似的形状分割页面。

② 根据不同功能，设置4个或5个分页面。

③ 滚屏不宜太长，最长5个或6个整屏。

④ 为每个分页面设置清晰完整的标题。

⑤ 为每个页面提供搜索功能，方便用户查找。

⑥ 可在屏幕左侧或右侧设置隐藏面板。

⑦ 由于界面中各种控件和直播封面图的色彩已非常丰富，因此，界面背景色彩应以白、灰等低饱和度的纯色为宜。

⑧ 文本或图像区域周围设置足够的留白。

直播封面图片的设计，应选择色彩饱满丰富、画面对比度强、可识别性高、有一定视觉冲击力的图片，同时还要保证与直播内容中的画面尽可能一致，不能具有欺骗性。

图 3-12　功能页面案例展示

2. 直播界面

直播界面的设计应方便、简洁、美观、高效。界面设计要考虑用户的使用习惯。图 3-13 中，直播界面分成了文字输入区域、评论区域、功能区域（包括点赞、打赏、私信主播等）、主播信息区域、在线用户信息区域、直播主画面区域等。

页面布局是对页面的文字、图形或表格进行排布、设计。优秀的布局需要考虑页面信息，既要考虑用户需求、用户行为，也要考虑信息发布者的目标。移动端直播屏幕受到设备尺寸的限制，其界面布局需要考虑到屏幕中各个控件的位置和大小比例，合理布局，既达成视觉上的美观与舒适，又能满足功能上的需求。具体应该做到：

图 3-13　直播界面布局设计

① 合理分割屏幕空间，保持画面构图平衡，直播画面中人物或主要物体应占据画面 70% 以上的区域。

② 控件色彩不宜太艳丽，根据重要程度设置不同的透明度。

③ 界面上的控件、图标及动画效果不宜过多，弹出的内容应在一个固定的区域，且出现位置不能过多遮挡直播画面的内容。

④ 必要的信息要一直显示。重要控件条目要始终显示，但要保留用户关闭和显示的功能。

⑤ 消息、留言、点赞、关闭界面等常用控件均应在屏幕上易找到的位置。

⑥ 设置二级菜单，将控件和图标隐藏在二级菜单里，保持直播界面的整洁舒适。

⑦ 界面导航尽量采用底部导航的方式。菜单数目以 4 个或 5 个为最佳。

3. 图标控件

图标是图形界面中具有明确含义的数字图形符号，是构成界面风格的重要视觉元素。图标的设计应尽量使用简洁的平面图形、像素化的表现形式，要求美观、富有吸引力，使设计更加趋向于人性化。此外，图标的设计还要尽可能形象、简洁，以准确表达其代表的功能。最常用的设计方法为字面表意联想，如图3-14所示。

在直播应用界面中，常用的图标分为动态与静态图标、不透明和半透明图标、可点击与不可点击图标等。

图3-14 图标控件设计

（二）直播界面设计的原则

1. 易用性

直播软件界面中的图标、按键、菜单等构成元素应简洁明了，使用起来应易操作，应充分考虑不同年龄段用户对软件的适应能力。同一界面上的触摸或点击按键，要易于区分、识别性强。

应提供常用操作的快捷方式，根据操作的使用频率高低进行排序，减少操作序列的长度。对于相对独立的操作序列，一般应提供回退、中途放弃等功能，让用户感觉到操作合理、具有亲切感。

2. 统一性

在界面设计中，统一性原则通常是指窗口大小、形状、色彩的一致，文本框、命令按钮等界面元素外观的一致，界面中出现术语的一致等。缺乏一致性的界面混乱无序，使应用程序看起来混乱而不严密，会给用户的使用带来不便，甚至令用户觉得应用程序不够安全可靠。例如，直播界面色调若以蓝色为主，每个功能模块界面的默认色彩则最好与之保持相同色系，如果使用相差较大的颜色，色彩的强烈变化会影响到用户的使用情绪。

3. 吸引力

在产品同质化严重的今天，保持品牌的与众不同才能从众多产品中脱颖而出，展示自身特色，提升市场竞争力。直播界面的设计不仅应该方便、高效，还应该使用户在使用时感到兴奋并能够从中获得乐趣，从而吸引用户使用它、接受它。为了吸引更多用户，界面设计应该遵循形式美法则，符合美学观点，让用户感觉协调舒适。

4. 主次分明

用户界面是由若干界面元素组成的，但不是所有元素都一样重要，要确保尽快将重要的元素展现给用户。重要的或频繁访问的元素应当位于显著的位置，而不太重要的或使用频率低的元素则应被放置到不太显著的位置。

5. 简洁性

使复杂的问题简单化，是界面设计的一个重要原则。移动端 App 的操作界面设计，应满足用户碎片化的沟通需求，用简洁、便利的功能操作提高互动效率。与大而全的界面设计方案比较起来，简单明快的界面设计往往更可取。

（三）直播界面的布局

1. 合理安排控件的位置

在直播软件界面设计中，并不是所有的控件都具有相同的重要性，设计师应抓住重点，合理安排控件的位置。习惯的阅读顺序一般是从左到右、从上到下。

将控件和元素适当分组也是非常重要的，可以尝试根据"功能"和"关系"来组成一个逻辑信息组。根据控件的功能或关系，将它们放在不同的屏幕区域，在视觉效果上要比将它们分散在屏幕各处更好。

2. 编排控件的大小与一致性

控件的大小设置是设计时经常遇到的问题，要根据功能的主次，放大主要控件，缩小次要控件，使同类型控件保持大小一致。

在控件中使用相同色系的颜色作为背景色，如果没有特别需要，尽量不使用饱和度过高的颜色。如果两种控件使用了不同的颜色和显示效果，那么应用程序将会显得十分不协调。在确定设计思路时，一定要坚持用同一种风格贯穿整个应用程序。

3. 合理利用空间，保持界面简洁

在界面的空间使用上，应当形成一种简洁明了的布局。在用户界面中合理使用窗体控件及其四周的空白区域有助于突出元素和改善可用性。各控件之间一致的间隔，以及垂直与水平方向各元素的对齐也可以使界面更简洁明了，行列整齐、行距一致的界面更容易阅读。

4. 合理利用颜色、图像和动画效果

直播界面中的色彩可以增加视觉上的感染力，引发强烈的情感，但每个人对色彩的感觉与喜好不尽相同。因此，要根据对直播观看人群的定位来合理制定配色方案。如果针对普通用户，一般可使用一些柔和的、更中性化的颜色。

此外，动态图片与图标的使用也可以增强界面视觉效果。在一些情况下，不需要文本内容而直接利用图像就可以直接明了地传达信息。表示各种功能图标的工具栏，应为很常用的界面图标工具，如果用户不能轻易识别设计图标所代替的功能，则会产生相反的效果。

用户界面也广泛使用各种动画显示效果。合理的使用能表达特定的设计意图，传达给用户更加生动、易于理解的信息。动感的显示是对象功能的可见线索，按下按钮、旋转旋钮、点亮开关等都能进行动感的显示。

界面设计需要美学修养。用户界面是应用程序的一个重要组成部分，往往决定了该程序的易用性和可操作性。优秀的直播界面设计，不仅在视觉上美观大方，还使得界面在功能实现上简洁高效，给用户以良好的使用体验。

第二节　三维空间视觉要素

直播画面中的三维空间视觉要素分为实体场景与虚拟空间两部分。实体场景主要包括直播间的灯光设置、色彩配置、环境布置等；虚拟空间包括虚拟场景、虚拟人物。

一、实体场景

在影视或舞台表演中，除演员外，场景是被展现给观众的最重要的部分。网络直播中，主播背后的场景就是主播的舞台。与影视剧不同的是网络主播的背景不能随意变换，直播开始后会一直被展现给观众。因此，直播的"舞台"需要精心设计，它直接影响观众的观看体验。

（一）灯光

在实体场景的视觉要素中，光的运用与处理尤为重要，好的光线可以使平淡的场景变得特别，不好的光线会使精彩的场景变得了无情趣。如果想让直播拥有好的画面效果，应选择光线良好的环境拍摄。一般摄影中的光主要包括自然光和人造光两大类，由于直播大部分是在室内完成的，因此，人造光是最主要的光源。

1. 灯光的控制

使用灯光时，考虑的主要因素包括光线的强度、色温、方向及阴影。

（1）光线的强度

光线的强度是指光源灯具发出光线，照到被射物体表面的明亮程度。在直播中，光线的强度直接决定了观众所看到的画面的曝光程度。当在空间较小的室内进行直播时，若无法调整光源与被摄物体的距离，则可以通过增加柔光箱、柔光纸或中密度灰纸来减弱光线强度。

（2）光线的色温

不同的光源发出不同色温的光线，不同的光线有不同的色彩倾向。白炽灯光线偏黄；阴天时日光偏蓝；烛光、火光偏橙色或红色。

在直播中，常见的有 3 200 K 色温和 5 600 K 色温两种灯具。常用的新闻灯、聚光灯大都是 3 200 K 色温的灯具，镝灯（包括直播间常用的环形灯、球形灯、补光灯等）都是 5 600 K 色温的灯具。灯光师可以通过各种校色温纸、校色温滤镜片调整不同灯具发出的光线的色温，以获得感光材料、摄影设备与被摄物体的色温平衡，或者营造特殊的画面色彩效果。

（3）光线的方向

光线的方向，主要是相对于摄影镜头、观察者视角而言的，是指光源位置与拍摄方向之间所形成的光线照射角度。光源位置和拍摄方向两者之一有所改变都可以被认为是光线的方向的改变。光线的方向在立体空间的变化是十分丰富的。光线的方向对被摄物体的造型效果、观众的视觉感受会有很大的影响。

　　光位是使被拍摄对象有一定造型效果的光线角度（包括水平角和垂直角）。光位是在确定的拍摄方向条件下，围绕着被拍摄对象做不同位置的照明，按水平方向分为顺光、顺侧光（斜侧光）、侧光、侧逆光、逆光、顶逆光、脚光（前脚光、后脚光）。任何光位的确定都取决于视点（拍摄位置），视点的变化就意味着光位的变化，意味着拍摄对象受光面积、方向等光线效果的变化。

　　在自然光条件下，太阳为主要光源。太阳的高度及其与拍摄方向所形成的角度决定光位。人工照明中，光位可以根据造型需要进行调整。光位细微的变化会对摄影造型效果产生细微的影响。

　　顺光，即正面光，光线的投射方向与拍摄方向一致。顺光时，被摄物体受到均匀的照明，景物的阴影被自身遮挡，影调比较柔和，但处理不当会比较平淡。顺光照明不利于在画面中表现大气透视效果，表现空间立体效果也较差，在色调对比和反差上也不如侧光、侧逆光丰富。顺光的优势是影调柔和，同时还能较好地体现被摄物体固有的色彩效果。在进行光线处理的时候，往往把较暗的顺光用作副光或者造型光。

　　斜测光，是光线投射水平方向与摄影机镜头成约45度角时的摄影照明，在摄影艺术创作中常被用作主要的塑形光。这种光线照明能使被摄物体产生明暗变化，很好地表现出被摄物体的立体感、表面质感和轮廓，并能丰富画面的明暗层次。

　　大侧光，光线投射的方向与拍摄方向成约90度。受侧光照明的物体，有明显的阴暗面和投影，对立体形状和质感有较强的表现力，但缺点是往往形成一半很亮一半很暗的影调和层次，使画面的光影不均衡。这就要求在构图上考虑受光面景物和阴影在构图上的比例关系。

　　侧逆光，也称为反侧光、后侧光，是指光线投射方向与摄影机拍摄方向大约呈水平135度时的照明。受侧逆光照明的景物，大部分处在阴影之中，被照明的一侧往往有一条亮轮廓，能较好地表现轮廓和立体感。在室内直播中，利用侧逆光进行人物近景拍摄和特写时，一般要做辅助照明，以免脸部太暗，但对辅助照明光线的亮度要加以控制，使之不影响侧逆光的自然照明效果。

顶光来自被摄物体上方的光线照明。在顶光照明下，被摄物体的水平面照度大于垂直面照度，亮度间距大，缺乏中间层次。在顶光下拍摄人物，会产生反常、奇特的效果，如前额发亮、眼窝发黑，不利于塑造人物形象的美感。如果用辅助光提高阴影亮度形成小光比，也可获得较好的造型效果。

（4）阴影

光线是影响空间感和立体感最重要的因素，而阴影是由光线产生的，它能够反映光线照射的角度。阴影对于增强画面的深度感尤为重要，缺乏阴影的画面会显得很平淡、缺乏立体感。

利用阴影制造明暗对比是摄影中常用的手段，在直播间中阴影也能起到同样的效果。可以通过加强或削弱物体的明暗对比来区分画面层次，突出主体物。尤其对于主播来说，过多的打光往往会使人物脸部显得很平，适当增加阴影范围，加强明暗对比，能够创造出更加自然的对比度和层次感。

2. 直播间常用灯光

直播间内常用的灯光包括球形柔光灯、方形柔光灯、环形补光灯、镜面化妆灯、空间辅助灯、背景灯等。一般情况下，一套完整的灯光设备包括主光灯、补光灯、环境灯、轮廓灯。

（1）主光灯

主光灯起着主要照明的作用，可以使主播的脸部和产品受光均匀，同时使被摄物体具有较清晰的明暗对比。直播间内常使用球形灯作为主光源，因为球形灯放射出的光线足够柔和，可以美化人物面容。

主光灯在一组布光中最引人注目，通常具有较明确的光线投射方向。主光灯的位置、光线性质、强度决定着被摄物体的基本造型结构。在实际布光中，主光位置的确定、角度的选择、亮度的强弱、距离的远近取决于被摄物体的外表和需要突出的重点。在理论上，主光源可位于任何位置，如正面、侧面、顶部。主光位置通常要高于被摄物体，因为最舒适自然的照明通常是模拟自然光的光效。主光位置过低，会使被摄物体形成反常态的底光照明，而主光位置过高又会形成顶光，使被摄物体的侧面与顶面反差偏大。

（2）补光灯

补光灯是用来帮助主光造型、弥补主光在表现上的不足、平衡亮度的光线。补光灯往往在主光布置完成之后，用来照明主光造成的阴影区域，调整和控制被摄物体表面的明暗反差，保证暗部层次和物体质感的呈现。在具体运用中，环形补光灯、方形柔光灯、镜面灯都可作为补光灯使用，既为阴影部位提供足够照明，又可以避免出现明确的入射光线方向。补光灯若被放在相比主播面部较低的位置，还可以在视觉上帮助消除主播眼袋和鼻影。

补光一般多用柔光，它的光位通常在主光的相反一侧。加置补光时要注意控制好光比，恰当的光比通常在 1∶3～1∶6 之间，浅淡的被摄物体光比应小些，而深重的物体的光比则应大些。注意避免辅光过于强烈，辅光过强容易造成夹光，并产生多余而别扭的阴影。为了减少多余的阴影，布光时除了使补光强度弱于主光外，有时还可采取适当降低光位或将辅助光尽量靠近机位的方法使投影投向被摄物体的后方。

（3）轮廓灯

轮廓灯可以起到强化画面空间深度的作用，有利于表现画面的远近层次关系，可以给主播或其他被摄物体边缘带上明确的轮廓光边，使被摄物体的远近关系、层次感得到充分表现。当直播间内光线层次不是很明确或色彩较接近时，可使用轮廓光将主播与背景分离开来，突出主播的身体轮廓线条。

（4）环境灯

环境灯主要照明主播背后的环境和背景，用来控制和调整主播与周围环境的明暗差距，控制被摄画面的影调层次，加强直播间灯光的整体氛围。当直播间里的灯光不尽人意时，也可以调节环境灯做灯光的补充。

当被摄物体较大，且与背景有足够的距离时，可对背景单独布光。环境灯一般不会干扰主体的布光，并且容易控制背景光的覆盖面、亮度和均匀度。在具体的布光过程中，特别要注意主体与背景明度相近的局部是否会出现"并"的现象，或者要求亮度均匀的大面积背景是否宽度均匀一致。不要过于相信目测，最好用测光表检测。

3. 布光方式

直播间的灯光布置很重要，要根据直播主题、造型效果确定主光的位置，调整主光源的高度及其与被摄物体之间的距离，以获得理想的光线强度和光影效果。主光的照射会使被摄物体产生阴影，除非摄影画面需要强烈的反差，一般为了改善阴影面的层次与影调，在布光时会加置辅光。根据场景的实际需要，还可以适当增加背景光、轮廓光、装饰光等灯光。

（1）布光方式一

主灯亮度全开，位于主播左侧或右侧约 45 度；辅灯亮度开 1/2 或更弱，位于主播侧面约 15 度。这种正面照明方式拍摄出来的人物面部层次比较丰富，如图 3-15 所示。

（2）布光方式二

主灯位于主播后侧方，辅灯位于主播侧面约 60 度，辅灯开 1/2 或者更弱，此时轮廓光明显，人物的立体感强，与背景分离开来，如图 3-16 所示。

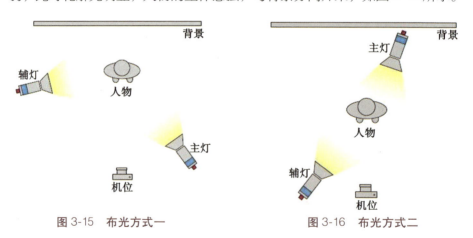

图 3-15　布光方式一　　　　　　　图 3-16　布光方式二

（3）布光方式三

主灯亮度全开，位于摄像机位两侧，辅助灯开 1/2 或更弱，主播两侧各加一盏轮廓灯，亮度全开，这样拍摄出来的人物细节丰富、立体感强，如图 3-17 所示。

（4）布光方式四

主灯位于人物两侧 60 度，另一侧增加辅灯，同时根据背景色适量增加背景灯，此方法拍出来的人物轮廓明显，适合后期抠图使用，如图 3-18 所示。

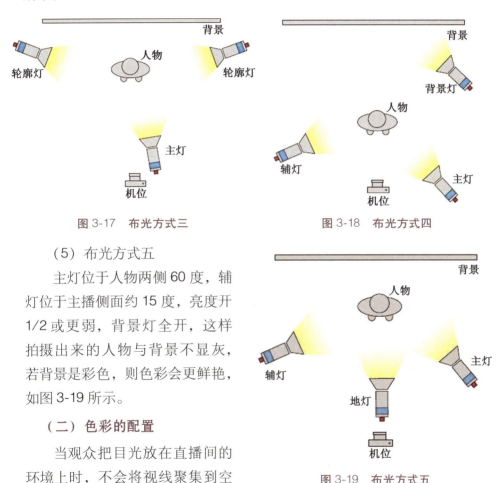

图 3-17　布光方式三

图 3-18　布光方式四

（5）布光方式五

主灯位于人物两侧 60 度，辅灯位于主播侧面约 15 度，亮度开 1/2 或更弱，背景灯全开，这样拍摄出来的人物与背景不显灰，若背景是彩色，则色彩会更鲜艳，如图 3-19 所示。

图 3-19　布光方式五

（二）色彩的配置

当观众把目光放在直播间的环境上时，不会将视线聚集到空间的布局或具体的物件上，而是对整个空间的色调或面积较大的色彩进行最迅速的视觉捕捉。这是因为人们对色彩的敏感比对形态的了解更直接。因此，可以将整个空间放在同一色相中，对明度和纯度进行变换选择，从而实现直播间整体色彩的统一。装饰师摆放陈设品时，可以利用统一色调方法，还可以选择互补色进行设计，互补色比单一色调更具有冲击力。

直播间色彩基调的构成主要有三个部分，即背景色彩、主体物色彩、装饰色彩。

1. 背景色彩

背景色彩指的是直播间中占据面积较大的色彩。此类色彩一般出现在天花板、墙体等固有建筑、设施上，使空间形成一个统一的色彩基调，映衬直播间内的其他陈设品。背景色彩不宜过于鲜明，应以色彩度低、明度高或略显沉静为原则，可以使空间显得沉稳不轻浮，不容易使人有视觉疲劳感，还可以突出陈设品的装饰点缀功效。

2. 主体物色彩

主体物色彩主要是指在直播间中占据着大面积的物体的颜色，如各种大型道具的颜色，也包括主播衣服的颜色等。主体物色彩是制造直播间色彩氛围、形成统一色调的主要因素。主体物可选用色彩度较高、明快、活跃且有分量的颜色。

3. 装饰色彩

装饰色彩主要是指直播间中面积较小且易于变化的色彩，在空间色彩中主要起调节、点缀、修饰作用。装饰色彩一般通过室内小件陈设品来表现，如座椅、摆设品、装饰画、挂件等。装饰色彩通常可采用较为强烈的色彩，以对比色、互补色或更加突出的同色调来表现。

选择直播间陈设品的色彩时，应根据室内空间的使用功能和装饰风格进行总体把握。根据直播间的整体风格来确定色彩主基调，在此基础上选择陈设品的色彩加以渲染，以起到强调、突出的作用。一般来说，在总体环境色彩协调的前提下，适当地选用有较强烈色彩对比的陈设品，会取得更加生动强烈的视觉效果，起到画龙点睛的作用。如果选用过多的强调色，颜色会显得凌乱，要注意对陈设品色彩的整体把握。总之，陈设品色彩的选择必须结合直播间环境的色彩，反复比较，妥善选择。

（三）背景的布置

背景布置不仅能丰富空间的层次，还能使直播间更具有个性与特点。从表面上看，背景布置的作用是装饰室内空间，丰富视觉效果，但实际上它最大的作用是提升直播间的格调和品质。合理的背景布置，可以烘托出欢快热烈的喜庆气氛、亲切随和的轻松气氛、深沉凝重的庄严气氛、高雅清新的文化艺术气氛等。

背景布置不仅具有烘托环境的作用，还有抒情效果。有些背景装饰是表达思想的媒介，为人们提供自我表现的直接手段，其内涵已超出美学范畴，引人联想，给人启迪。

直播间背景的主要装饰方式有墙面装饰、悬挂装饰、桌面装饰、橱架装饰等。

1. 墙面装饰

墙面装饰是指将书画、浮雕、照片、纪念品、收藏品或其他装饰品订挂或张贴在墙面上的展示方式。墙面装饰位于人的最佳视野中，在视觉上给人的影响最大。将装饰品订挂、张贴于墙面，可以避免大面积的空白墙面所带来的单调感。

墙面装饰的摆设可采用对称式构图或非对称式构图。对称的墙面布置有稳健、庄重的效果，但有时也会偏于严肃、呆板；而非对称的墙面布置易于获得生动活泼的效果，但有时也会略显凌乱。可以根据不同的直播类型和主题采用不同的墙面装饰方式，如比较严肃的直播主题常采用对称式构图，轻松娱乐的直播主题则可采用随意非对称式构图。

2. 悬挂装饰

为了避免直播间有空旷感，或为了增加情趣或丰富空间层次，可在垂直空间悬挂不同的饰物，如吊灯、立体软雕塑、装饰品、织物。悬挂的装饰质地轻盈，其独特的造型能极好地烘托气氛。房间悬挂的吊灯颜色亮丽，像夜晚的星星，给人以轻松活泼之感。家中悬挂的小风铃、悬挂植物、窗帘、珠帘等，不但可以美化直播间的环境，也可以增添情趣。

3. 桌面装饰

桌面装饰是直播间内最常见、覆盖面最广、陈设内容最丰富的装饰方式。可装饰的有餐桌、咖啡桌、茶几、书桌、化妆台等家具的桌面，摆设品有茶具、灯具、文房四宝、书籍、化妆品等日用品，以及玩具、盆景等。一般来说，桌面摆件比较小，所占视觉面积较小，常以鲜艳的颜色、奇特的造型来丰富桌面空间层次。桌面布置必须兼顾直播内容和视觉审美的要求；桌面布置要灵活，构图要均衡，要符合艺术规律。各种装饰品的大小、高矮、色彩搭配、轻重、粗细等要设置有序，组合得当。桌面摆设还要与直播间环境融合，与墙面、其他饰品保持协调统一。

4. 橱架装饰

购物类直播常将商品摆放在主播身后的橱架上，或直接将橱架作为背景，因此，橱架的装饰设计也非常重要。橱架可以是陈列橱、书柜、壁架等，可以单独或综合地陈列数量较多的工艺品、陶瓷品、玩具、纪念品等。橱架作为空间限定物时，除了具有装饰功能外，还可以利用陈设品的疏密程度来加强或削弱视觉交流。橱架的造型风格要与直播间的整体环境及陈设品保持协调。陈设品的摆放数量要根据橱架空间的大小而定，不可过多过杂，以免有拥挤和堆砌的感觉。

二、虚拟空间

随着5G的发展与普及，VR技术的应用越来越广泛，网络直播界正掀起一场空前的革新潮流。相对于实景搭建，虚拟演播室的费用没有那么高昂，却能达到不输于实景的效果，因此拥有更高的性价比。虚拟演播室一般根据蓝布、绿布来抠像制作视频，通过直播或录播的方式推流到平台上，然后通过计算机后台增添各种视觉效果，功能强大，完全可以满足各个领域的使用需求。

当前虚拟技术在直播中的应用主要有两种：虚拟场景直播和虚拟人物直播。

（一）虚拟场景直播

虚拟场景直播技术，就是利用色键抠像技术对蓝色、绿色背景进行擦除，再把计算机制作的二维、三维虚拟场景置入，利用三维图形技术和视频合成技术，根据前景摄像机的位置、焦距等参数使三维虚拟场景的透视关系与前景保持一致，通过色键器合成，使前景中的人物、道具看起来完全处于计算机生成的虚拟场景中，从而创造出逼真、立体的演播室效果。

虚拟演播室的场景设计由计算机三维设计软件完成。通过模拟机位功能，单台摄像机可以模拟三个以上机位效果，根据机位视角进行模型制作与渲染，在直播过程中可自由在3个以上机位之间切换和运动，如图3-20所示。专业级别的虚拟演播室系统采用无轨跟踪技术，内置色键抠像，采用国际流行的渲染和控制分离模式，利用两台独立服务器，可实现无轨跟踪、抠像、多镜头切换、图文包装、3D植入等功能。用户可以在系统中创建三维空间、三维模型和三维跟踪，实时渲染精细的三维模型、高精度的纹理贴图、全部类型的灯光、多路活动视频。

图 3-20　虚拟直播间

1. 简易的虚拟直播间搭建

（1）摄像机+提词器

一般根据预算和需求选购价位合适的摄像机即可，也可用手机代替。提词器在摄像机正前方，为一块反光玻璃，显示文稿内容。

（2）灯光

选择光线均匀柔和、无频闪、冷光源（光效高，热量低）、色温恒定、高显指、还原度高的灯具，满足高清拍摄需求。虚拟蓝箱演播室常用的灯具为LED影视平板柔光灯。虚拟蓝箱演播室的灯光要均匀地照亮整个虚拟蓝箱，先对人物前景布光，后对蓝箱进行布光。前景照度满足要求后，再对蓝箱进行补光就可以满足视频抠蓝的要求，不能出现明显的光斑或人物背影。

(3) 蓝箱(或绿箱)

蓝箱的大小一定要能够满足摄像机推拉摇移的范围要求,如在购物直播或小型综艺类直播中,人物的位置基本不动,只要顾及侧面全景不穿,虚拟蓝箱的空间可以较小。如果是录制歌舞类节目,人物会来回走动,且镜头的推拉摇移较多,这就要求蓝箱要相对较大。

(4) 无线麦克风

常见的无线麦克风有领夹式、头戴式、手持式三种,摆脱线缆来收音。

(5) 调音台

调音台能够放大输入通道的信号,调整输入声音的均衡甚至产生其他效果,如压缩等,还可以把很多声音混合起来形成一个立体声。此外,调音台的协助效果器为各个通道添加混响、延迟等效果。

(6) 抠像设备

抠像设备是虚拟演播室的主要设备,对采集的视频进行抠像,在虚拟场景中进行录制、渲染、特效添加、视频合成,甚至是实时消息传输协议推流直播。

(7) 监视器

监视器是用来给导播实时观看现场情况的。主播站在抠像幕布前,导播通过监视器看到最终与虚拟场景合成的效果。同时,主播也能根据监视器中的画面,调整自己在幕布中的位置和自身的仪态。

2. 虚拟场景直播的优势

虚拟场景直播与实景直播相比,优势显著。

首先,无须搭建实景。虚拟场景用电脑制作,便捷,成本低。实景搭建就是对直播间进行硬装和软装,会耗费大量财力、人力、时间。

其次,虚拟场景换景更容易。实景直播间搭建完成后,想要换景就得重新装修,而虚拟场景实时切换,能完全做到一物一景,可根据需要进行选景。以购物类直播为例,若商品是厨具,观众看到的就是洁净的厨房;若商品是商务装,呈现在观众面前的就是换装后的主播走进办公室的场景……总之，景随物易，虚实结合，在商品出现时，就给出它的使用场景，让观众真正做到沉浸式消费。

再次，对直播行业来说，虚拟场景直播目前还是一种新技术，新颖独特，更能吸引用户受众。

最后，虚拟直播可以不受空间的限制。各种场景在直播间都可以出现。

虚拟直播现已被广泛应用于新闻发布、访谈、综艺、讲座等领域。利用 VR 技术，戴上 VR 眼镜，观众如置身于直播现场，主播与观众可以进行一场前所未有的直播互动。

（二）虚拟人物直播

虚拟人物直播，即主播不再是真实的人，而是由计算机创建出来的虚拟角色。虚拟人物由现实中的主播来扮演，捕捉技术将真实主播的面部表情、身体动作和声音应用于虚拟主播。虚拟人物直播最早于 2016 年开始在视频网站 YouTube 上面出现，日本人森仓圆设计的虚拟形象"绊爱"（キズナアイ）被公认为第一个虚拟主播，如图 3-21 所示。自此，凭借面部、动作捕捉技术而生成并活动的虚拟人物形象便诞生了，效仿者无数，后来逐渐衍生出虚拟博主、虚拟玩家、虚拟主播等职业。

在虚拟人物直播出现之前，二次元与现实世界难以实现"次元破壁"，传统的虚拟人物基本为固化的人物形象。直播与二次元文化结合的虚拟直播能实时展现角色的魅力，打破原本存在于二次元时空与现实世界的屏障。在情绪化方面，虚拟主播比真人主播更具感染力。对于真人主播，用户有时会产生审美疲劳，继而会有不想继续观看的心理；而虚拟人物形象不同，它们通过更新信息、推出新形象等方式，能够给用户带

图 3-21　虚拟人物主播"绊爱"

来新鲜感。

1. 虚拟主播的类型

当前的虚拟主播主要分为两种：人物赋能型和二次元形象延展型。

人物赋能型虚拟主播是国内最普遍的虚拟主播类型，通过给已有的主播赋予虚拟形象，将原本的 IP 赋能和延伸。例如，酷狗直播的歌手主播虚拟偶像、克拉克拉平台的虚拟形象化主播及爱奇艺旗下《我是唱作人》的虚拟主持人，均属于此类型，如图 3-22 所示。

二次元形象延展型，是指将已为人所熟知的动漫角色形象在直播中再现，如网红卡通人物"一禅小和尚"（图 3-23）、腾讯旗下《QQ 飞车》的"小橘子"、《狐妖小红娘》的"涂山苏苏"等。

图 3-22 《我是唱作人》的虚拟主持人

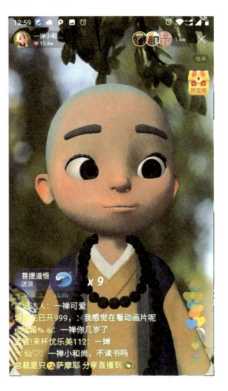

图 3-23 卡通人物"一禅小和尚"

2. 虚拟直播人物的制作

虚拟直播人物分为二维角色和三维角色两种。两种类型的角色在视觉效果上有较大差异，相对应的制作软件和制作技术也有很大不同。

（1）二维角色的制作

二维角色是平面化的，前期的制作与传统二维动画角色绘制相似，需要制作人员在电脑上使用绘图软件绘制人物的平面造型，一般都是角色的正面，如图 3-24 所示。常使用的绘图软件有 Photoshop、Painter。

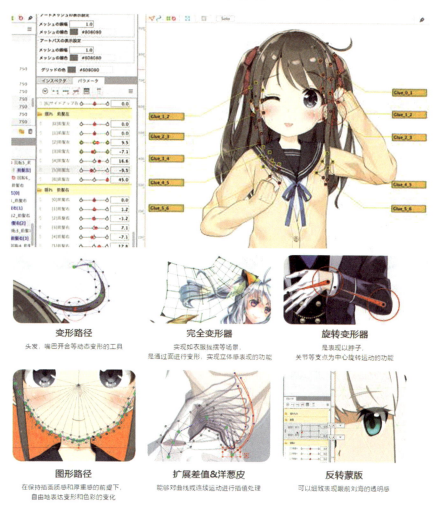

图 3-24　二维动画制作界面

Live2D 是一款专业制作二维人物动画的软件，它可以通过添加各种变形器，使平面虚拟人物的头发、脸部、身体自由转动，塑造出立体感，弥补传统二维动画在空间表现上的不足。

FaceRig 是一个开放的虚拟直播创作平台，也是当前虚拟直播中运用最广泛的一款软件。通过一个简单的摄像头，FaceRig 就可以实时读入用户的脸部和表情动作，以及输入音频，然后对跟踪的数据进行动画重定向，并将其动画应用于用户选择的 2D 或 3D 模型上。最后，FaceRig 在用户选择的虚拟背景或在直播间真实场景下实时渲染角色的模型与动画。此外，FaceRig 还可以导入由 Live2D 或其他软件制作的角色模型，作为主播的虚拟化身，如图 3-25、图 3-26 所示。

图 3-25　虚拟主播界面展示　　　　　　图 3-26　直播软件 FaceRig

（2）三维角色的制作

三维角色制作要比二维角色制作在技术上复杂很多。角色模型制作阶段，可以在传统的三维动画软件中进行，如 Maya 或 3DMax。三维角色的制作主要分为角色建模、UV 展开、贴图绘制、蒙皮绑定等几个流程。

在角色建模阶段，三维软件使用多边形建模的方式，建立人物的身体和服饰。由于最终要将模型导入 FaceRig 等软件进行动画和实时渲染，建模要考虑到计算机设备的性能，面数过多、过于复杂的模型会降低计算机的运算效率，使画面卡顿，在建模阶段要对模型面数进行控制。此外，考虑到要对最终输出的人物模型中的五官和四肢进行动画设计，布线必须满足角色运动的基本需求，如图 3-27 所示。

UV 展开是绘制模型贴图之前必须进行的一项工作。UVW 是对应三维模型 x、y、z 的坐标，就像模型的皮肤一样，为了便于绘制贴图，需要将模型的 UV 尽量展平。例如，展开一个正方体的 UV，可以将它分成 6 个面并且铺平，然后就可以在上面绘制纹理贴图了。

贴图绘制是指在三维制作中，将模型的 UV 导出至二维绘图软件，然后根据 UV 坐标的位置绘制或填充颜色纹理，再导入三维软件附加在模型上的过程，如图 3-28 所示。

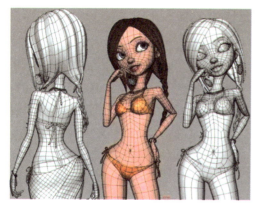

图 3-27　角色模型的布线

图 3-28　贴图绘制

经过这个步骤后，原本无色的三维模型就有了彩色的"外衣"。在直播中，贴图跟模型一样需要被实时渲染出来，因此，贴图绘制时也要考虑到贴图的大小。像素太低，贴图会很模糊；像素过高又会影响运算速度，造成电脑卡顿。一般来说，角色模型的贴图可分成两块，头部和身体各占一块，像素大小为 2 048×2 048，或可作为一个整体，但像素不超过 4 096×4 096。

蒙皮绑定是传统三维动画的一种制作技术，只有通过这一步才能使角色模型动起来。蒙皮绑定在三维软件创建的模型基础上，为模型添加骨骼。由于骨骼与模型是相互独立的，为了让骨骼驱动角色模型产生合理的运动，需要在角色的关节点添加骨骼，排列结构与人类骨骼较相似。把模型绑定到骨骼上的技术叫作蒙皮，蒙皮是用骨骼控制模型的形态节点，以达到合理的绑定效果。所谓的形态节点就是外部轮廓。

在完成以上流程后,就可以把带贴图和骨骼绑定的模型导入FaceRig。FaceRig会自动识别模型和骨骼,并将摄像头捕捉到的数据应用于模型的骨骼上面,这样现实中的人物就可以控制三维模型的表情和动作。FaceRig支持各大主流直播平台,在视频直播开始之前,打开软件,就可以将FaceRig中的虚拟人物同步至直播软件。

第三节 主播形象设计

主播形象设计是对网络主播或节目主持人的个人形象进行整体设计和指导。主播形象设计大多基于主播个体的基本外部特征,综合节目风格、传播技术等方面的因素,通过专业工具测试出合适的发色、彩妆风格、服饰等。

一、主播形象设计的基本原则

形象设计涉及面广,与工艺美术、人文科学、自然科学等密切相关。在设计实践中,形象设计必须遵循以下基本原则。

(一) 唯美主义原则

完美的形象设计显示的是品位。文化底蕴、价值追求、谈吐见识都决定了一个网络主播呈现给观众的形象是否蕴含美。法国雕塑大师罗丹曾经说过,生活中并不缺少美,而是缺少发现。化妆造型师要有一双善于发现美的眼睛,并准确找出每一位主播与众不同的亮点,并通过化妆、造型及服装设计,为其营造出个性独特、独具魅力的银幕形象,使其个性美被最大限度地放大。

(二) 整体与局部和谐原则

和谐是美的根源,也是形象设计通过各种美学元素的组合、重叠、取舍而产生的美,如形式美、造型美、色彩美等是进行造型设计应遵循的原则。形式美需要局部形象和整体形象都具有构图美、结构美、比例美、平衡美等。造型美包括服装、发型、妆容等方面。色彩美要求形象设计中的色彩构成能够体现出人与肤色的协调、形象风格的统一、整体色彩与局部色彩的和谐。

如今，很多直播节目以金钱为目的进行的批量生产使得一些主播为了实现商业价值和粉丝增长，大量使用奇装异服和光怪陆离的网络语言，以哗众取宠的方式吸引所谓的粉丝群体的关注，令节目失去了本身的文化价值。只有真正把握好社会主流思想和主流审美观，了解大众审美需求，为网络主播设计有外形、有内涵的主持形象，才能真正地制作出有内涵、有口碑、有市场的节目。

（三）个性与风格原则

一位有个性的网络主播必须有其独特的气质。个性化人物形象是指具有适合个人的表现形式和造型特征的外观形象，能表现出设计对象所具有的独特气质、风度和韵味，能使设计对象散发出自然美和艺术美的审美的视觉再造形象。个性化风格是形象设计最基本、最高的要求，因为只有设计对象具有个性化表现特色，形象设计表现才具有价值，才能释放出设计对象的风采。具有独特的个性化风格的主播还需要有开拓、探索的能力和创造力，以及随机应变、发挥自如的综合经验。因此，网络主播只有具备灵敏的应变能力和独特的个人魅力，才能使节目焕发出夺目的光彩。

二、主播形象设计的要求

（一）服从内容的需要

网络主播的形象设计是受直播内容制约的，直播内容、环境及时间不同，主播的妆容和服饰选择也应有所不同，不能随心所欲。要视直播内容情况而定，并不是所有类型的直播都需要光鲜亮丽的打扮，倘若不合适，会适得其反。因此，主播的形象设计应结合主播本身的形象和风格，以及直播的内容来选择。在某种程度上，主播的形象作为一种无声语言，与有声语言、体态语言共同构成直播主持的风格，直接参与视觉形象的塑造，传达主播的思想和文化修养。做好主播的造型设计，即包括妆容与服饰设计在内的形象设计工作，是提高传播效果的有力手段之一。

（二）追求个性与风格

主播的外在形象作为一种无声的语言，体现了直播风格及宣传内容，向观众传达某种思想。服饰的个性既包含主播自身的个性，也包含直播本身所具有的风格。要把自身的个性有机地融合到直播中，不能顾此失彼。也就是说，要在网络主播自身风格与直播风格之间寻找一种平衡。主播的衣着服饰不在华贵，要有个性，既能使人赏心悦目，又能与直播风格相协调。购物类直播主播要结合商品去选择服饰；文化、新闻类主播的服饰设计要体现出端庄大方，文化感要浓厚，可以根据话题有所变化；知识、法制类主播的服饰要体现主播严肃、沉稳的一面。

形象设计很复杂，不太容易掌握。因此，网络主播的形象设计应该由专业造型设计师进行。造型设计师只有了解直播内容，把握直播宗旨，才能在直播中通过造型语言塑造主播形象，让主播形象更具个性魅力。

三、影响主播形象设计的因素

（一）个人条件

容貌、体型、性格、动作特点等都会影响主播形象的展现。每个人的容貌、体型不同，所适合的服饰类型、发型等也不尽相同。进行主播形象设计，首先要考虑设计对象的自身条件和所要达到的目的。自身条件是主播形象设计的支撑点。设计师要凭借自己敏锐的艺术感觉去发掘设计对象的深层意识，如不但要看到主播的形体、肤色等外在条件，还要感受主播的气质、风格、性格、爱好等内在条件。具有生命力的形象设计，应该以无形的感染力来打动观众，这就要求形象设计师在设计之前必须仔细观察了解设计条件，为设计成功的作品打下基础。

网络主播在实践中是否表现出稳定的个性特征，形成个人的独特风格，对直播成功起着至关重要的作用。例如，一个热情、亲切的典型东方女性主播如果突然转换风格，去直播时尚的娱乐节目，如二次元动漫直播，会显得不太可行。在具体直播中给主播定位，首先要准确把握直播的定位，清楚直播的服务对象，了解他们的心理需求，进一步分析这种直播需要主播具备哪些特点。

（二）直播风格

传统的电视节目中，一般都是根据节目的风格定位来选择主持人。网络直播也一样，应该有明确的风格定位。直播的内容、气氛和环境对主播形象风格有着制约性的影响，直播内容较严肃时，主播的形象就应该沉稳、庄重；直播内容和气氛比较轻松欢快时，主播的形象则可随意、活泼一些。例如，新闻类和历史类直播中，主播的形象应当庄重、严肃和公正，过于浮夸的妆容和造型会使主播与直播类型、风格形成强烈的不协调感。

（三）传播技术

在20世纪八九十年代的电视节目中，由于摄影、照明、化妆、电视画质等因素的影响，电视主持人的形象受到多方面的制约。随着多媒体技术的快速发展和4K高清数字化时代的到来，网络直播的影像细节已经可以与电视直播媲美，其画面展现出的人物形象更加鲜明突出。借助直播App中的各种视觉特效和智能美颜效果，主播的个人形象更加容易提升，比如人物美白磨皮、五官重塑、瘦脸瘦身、祛痘等，甚至能够达到"一键整容"的效果。然而，过度的美化与包装往往会产生不真实感，使主播失去了自然美，更像是千篇一律的人造帅哥美女，比如当下很流行的"网红脸"。

第四节　直播画面构图

在美术或摄影作品中，"构图"一词是指用一定的技术技巧把客观景物有机地安排在一幅画面中，以构成画面的各要素，如点、线、面、光、影等，形成一定的艺术形式，是表达创作者的意图和观点的一种方法。直播中的构图与传统摄影摄像构图略有相似，但又有所不同。

一、直播画面构图的概念

对于直播来说,画面的构图就是运用摄影的手段,在画面中经营位置,进行结构和布局,把各种造型元素、画面元素有效地组织成一个整体,以最佳的形式表现直播内容和画面美感。直播画面的构图实际上有两个目标,一个是为了寻求一种最佳的画面表现形式,另一个是为了最好地表现出直播内容和审美情感。第一个目标只是过程,第二个目标才是最终目的。

在美术创作或摄影中,艺术家可以追求纯粹的形式之美、视觉之美、自然之美、物质之美,重点去展示线条、形状、色彩、光影、结构等视觉元素的魅力,以表达自己的思想和情感。与艺术创作不同,直播画面的设计在展现摄影艺术性的同时,需要更多地兼顾功能性和实用性。

二、直播画面构图的一般规律

直播画面的构图,既要遵循实用性,又要体现形式美。

观众通过手机、平板电脑等移动设备观看网络直播,这些媒介设备屏幕较小,对直播画面的取景和构图有很大限制。因此,画面构图首先需要考虑画面的实用性,合理安排画面中各元素的比例和位置,做到主次分明,能够满足在不同尺寸的媒介设备上播放的要求,使观众得到良好的观看体验。这就是直播画面构图的实用性。

形式美则是指从构成美的内容的物质材料的运用,自然对象、社会事物,人们的观赏习惯中总结推演出来的形式法则。形式美的规律是客观世界的现实存在与人们的美感满足相统一的结果。艺术形象的塑造、视觉因素的组合,越与人们对周围环境的视觉习惯、概念经验感受相一致,越符合人们的审美,越能激起人们直觉审美的认同,就越能产生审美快感。

(一)对称

对称式构图一般分为三种:左右对称式、居中式和左右宽泛对称式,如图 3-29 所示。

　　左右对称式构图　　　　　　居中式构图　　　　　左右宽泛对称式构图

图 3-29　三种对称形式

　　左右对称式是指被摄物体的中轴线与画面中轴线一致，两边对称；居中式则是以画面中轴线为基准，两边的被摄物体完全一致，左右对称；左右宽泛对称是以画面中轴线为基准，轴线两边事物的外部形状不完全对等，但具有某种相似性。

　　对称结构的特点是均衡化一、排列相等，可以使观众产生一种稳定、牢固的心理反应，形成平稳、安宁、和谐、庄重的感觉。但对称结构也有不足之处，即绝对的对等往往使得视觉刺激不强烈，会产生呆板、单调、缺少变化的感觉。

（二）均衡

　　均衡构图是由对称变形演变而来的。对称的同形、同质、同量、同价可以形成绝对的均衡感，但均衡感并非全然由对称分布产生，它是一种心理性的体验。均衡的画面不一定是被摄物体的数量、大小、排列的一一对应，不一定是绝对的对等，而是被摄物体的形状、数量、大小的不同排列，给人以视觉上的稳定，是一种呼应的平衡。在均衡感的构成中，有两个重要因素，即重量和体积。同一类物体中，重量取决于体积，体积大的物体比体积小的重。此外，人们的感知经验和心理体验，也能影响均衡感的产生，比如人比物重，动物比植物重，运动物体比静止物体重，距离近的物体比距离远的物体重。

　　在直播画面构图中获得画面均衡的方法主要包括以下几种。

1. 安排被摄物体的位置

　　主播或其他主体的幅面位置安排自由度是最高的，主要视表现什么和如何表现而定，既可被安排在画面的几何中心，也可被安排在画面的黄金分割线位置，在不同位置产生不同的效果。确定主体位置之后，再根据主体位置相应地安排前景、道具、背景等的位置，最终求得画面的均衡。

2. 考虑视线方向、线条方向、运动方向

在直播中，主播的位置不可能全然不动，视线方向也会不断发生变化，视线的左右上下变化是影响画面均衡感的重要因素。一般来说，视线朝向画面空白较大的方向，画面显得均衡；视线朝向画面空间较小的方向，画面显得失重，失去均衡。因此，在直播画面构图中视线方向对画面均衡影响很大。线条走向、运动指向也会对人的视觉心理造成影响。在构图时，必须考虑这些因素对画面均衡感的影响。

3. 注重光影与色彩

光影是重要的造型手段，对构图也会产生重要影响。在直播中，灯光使人物和场景产生强烈的明暗对比，产生的阴影占据一定的画面空间，具有一定的量感，对画面均衡有着很大的影响。

色彩搭配也可以起到均衡画面的作用。不同的色彩可以给人不同的轻重感、大小感。将事物的色彩、明暗与事物的位置、大小进行合理的搭配，能够形成良好的均衡感。

（三）黄金分割

黄金分割是一个数学上的比例关系，是指将整体一分为二，较大部分与整体部分的比值等于较小部分与较大部分的比值，其比值约为 0.618。这个比例被公认为是最能产生美感的比例，在造型上具有审美价值，被称为黄金分割，如图 3-30 所示。在西方，人们多将画面按黄金分割点连线进行分割，确定主要与次要的位置后，一般将画面边线平均分成三等份，将相对的分割点相连。画面中的连线都是黄金分割线，线的交叉点就是黄金分割点，而画面的主体一般都被放置在黄金分割点的位置。在中国传统绘画中，也有类似黄金分割的理论。

黄金分割运用于直播画面，主要体现在对画面内部结构的处理上，如

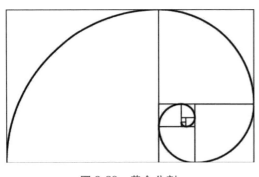

图 3-30　黄金分割

画面的分割，主体形象所处的位置，水平线、天际线所处的位置等。

黄金分割是人们习惯使用的形式法则，在一般情况下，人们常以此进行构图。但是客观事物是有丰富变化的，创作的意图也各不相同。因此，黄金分割不应成为拘泥创作的条框，而应将其作为参考，努力探索多样的形式来进行创作。

三、边框与画幅

边框对于画面构成具有重要的意义。边框是画面的分界线，它可以排除次要的、没有价值的东西，使得主要的、有价值的事物显得更鲜明、更集中、更精练，如图 3-31 所示。从某种意义上说，边框之外的世界被舍弃，出现了一个新的画面，一个独立的、完整的新系统。各个元素的组织安排、位置确定都是相对于边框而言的，没有边框就没有构图。从形式来看，边框是横平竖直的直线，成为画面构成的参照物，并与画面各元素相互联系、相互作用。边框也是一个重要的视觉要素，应根据不同的需要来确定边框的形式，其基本原则是根据场景的结构来确定边框形式。

图 3-31　直播画面的边框

画幅，即画面的尺寸。网络直播画面一般为横画幅或竖画幅，长宽比为 16∶10 或 16∶9，这也是大多数手机屏幕的长宽比。

横画幅是最传统的画幅形式。人的眼睛是水平的，横画幅符合视物习惯。大多数事物在水平线上延伸，人们沿水平高度观察事物要比在垂直方向观察更加自然、舒服。横画幅中水平线被强调，使画面有一种内在稳定性，事物之间的联系、排列、运动可得到突出的表现。横画幅尤其适合表现户外风景等较大的场景空间。

竖画幅是网络直播中最常用的画幅形式。手机直播、短视频、手机新闻等大量采用竖画幅构图。这一方面是为了适应手机等移动媒体的传播和受众观看的需要，另一方面是为了追求与传统横画幅的差异，体现标新立异的影像风格。竖画幅最适合拍摄以人为中心的直播节目，也适合表现上下纵向的空间。竖屏影像的拍摄除了用手机直接竖屏拍摄之外，还可以将摄像机、单反相机等设备水平旋转 90 度拍摄。

第四章 娱乐类网络直播的视觉设计

教学目标：掌握娱乐类网络直播平台的界面设计要点；掌握直播空间视觉设计的规则；把握主播形象设计的关键点；熟悉和掌握娱乐类直播的镜头和灯光设置的要求。

教学重难点：本章应重点学习娱乐类直播的空间视觉设计、主播形象设计和镜头灯光设置三部分内容，对娱乐类直播的"硬性条件"做到心中有数，以便在实践中灵活运用。这也是本章的难点内容。

文娱活动一直是人们生活的重要组成部分，在生活节奏加快、工作压力加大的情况下，人们愈发重视文娱活动带来的轻松娱乐的精神享受。在网络直播的演变分化过程中，娱乐类直播从未缺席，也从未离场，只不过从与多类直播内容共处直播平台的秀场直播分化为独立的泛娱乐网络直播平台，内容更为多元，内容生产更为规范。新冠肺炎疫情虽然冲击了线下文娱市场的发展，但是推动了娱乐类网络直播的发展。娱乐类网络直播在网络直播行业的优势地位愈发凸显，娱乐直播的平台设计进一步优化，用户的视觉体验进一步提升。那么目前市场上的娱乐类网络直播的视觉设计又是怎样的呢？本章将对此进行细致的分析。

第一节 直播界面设计

娱乐类网络直播平台的视觉设计包括多个层面。最先出现的视觉设计必然是用户入驻平台时所接触的平台界面设计。界面设计是指针对用户界面的具体化设计，平台方通过合理安排软件的操作逻辑和设计人机交互功能，达到界面美观的标准，凸显平台特色。可以说，直播平台界面设计最直接影响到直播用户的体验，甚至影响到用户的使用欲望。界面设计不同于版面设计，它不是对有限的视觉要素进行合理的排列组合，而是通过对图形、文字、色彩等元素的合理编排，使其具有交互功能、美观，符合用户的需要。这就需要深入研究用户的使用习惯，设计出符合用户需求的平台界面。

一、界面设计原则

（一）规范性

直播界面设计的首要原则就是规范性原则。没有确定的规范，直播界面设计会陷入无序化，设计成品也会显得凌乱，直观审美体验不佳，甚至影响用户的使用。规范性原则主要包括界面内各要素设计的规范性和跨终端的界面设计的规范性两个方面。

直播界面内的各要素设计需要具有规范性。也就是说，直播界面设计布局应该合乎情理，界面内的文字、图片、色彩等设计也要合乎情理，甚至用户可以根据自身的需要进行微调。界面设计团队应该有全局思维，合理安排各要素的位置，使其富有层次感并凸显平台特色。在整体布局上，基于直播平台的产品特性，界面应以图片为主，以文字为辅，增强整体界面的图片视觉要素含量。图片之间应留有一定的空间，不要过于靠近，以免给用户造成视觉上的压迫感，且图片的格式应该统一并进行分层，同一层次图片的尺寸和布局安排应该相近，不同层级的图片则在尺寸和布局上应有差异，使得整体的视觉效果富有层次感。此外，图片应采用合适的格式，如 JPG、PNG 格式，动图则使用 GIF 等格式，尽可能在保证质量的前提下降低图片的像素，减少用户浏览界面信息时所需要的数据量，避免浏览时出现卡顿、崩溃等状况。以导览页和直播间界面为例，在直播界面的导览页，界面上端设置搜索等功能，这一功能栏的高度应在整体界面高度的 1/10 左右，若小于这一高度，功能键就太小，会弱化用户对这些常用功能的视觉捕捉能力；若太大，则影响整体的美观程度，造成整体界面的不和谐。直播内容与其他次要内容之间应留有一定的空间，整体符合流线体的布局，使得整体界面简洁清楚，如图 4-1 所示。在直播间界面，界面上端一般设置主播名称等主要信息，状态栏的高度可以大于导览界面的功能栏，但不能超过整体界面的 1/9，避免影响直播间场景的呈现，实现对内容的主次分级呈现。直播内容中的主播与用户的互动板块，则应被放置在界面下部，界面高度为整体界面的 1/3 左右，使不被任何内容遮挡的主播及背景的场景内容占整体界面的 1/2 以上，突出直播的重点，如图 4-2 所示。

界面中的文字设计则应根据需要进行合理的布局，并且文字的大小不应明显遮挡图片，避免加大用户了解图片主题的难度，且文字的长度也应该在合理的范围内，以便在有限的空间内最大化地传输所需要的信息。界面中的文字设计还应该与图片的格式、大小匹配，但字号和字体的差异不应过于明显，以免扰乱整体的图文结构。

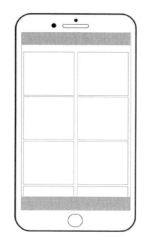 

图 4-1　直播导览页示意图　　图 4-2　直播间界面示意图

在界面色彩上，界面的主要色调不应采用过于鲜亮的颜色，如亮黄色、橙色等。虽然鲜亮的颜色能够吸引用户的关注，但是界面中亮色的范围过大，往往给长时间使用的用户以视觉压力，增加其疲倦感，且整体的美观度不高。界面的整体色彩应该是统一的，用户在进入不同的具体界面时，界面色彩的变化不应过于突兀。平台设计应尽可能采用与用户终端相适应的色彩模式，提高产品的色彩还原度。

直播界面的规范性还体现在同一直播平台在不同终端的统一性上。手机、iPad、电脑等终端的显示屏大小不一，用户可选择进入平台的入口较多。如果平台方不考虑界面在不同终端的适应性，只按照手机或某一终端的显示屏尺寸来设计界面，那么用户在登录平台时所浏览到的界面都是同一大小，多余尺寸都是白色或灰色等单一色调的空白空间，这会大大降低了界面设计的整体美观度。

界面设计的规范性不是要求界面一成不变，而是在界面整体布局大致不变的基础上，根据每一终端的需要对界面设计细节进行调整，如横向布局在手机界面只能放置一到两个图片，在电脑界面则可以放置两个以上的图片，且需要对图片尺寸、字号等进行调整，使其适应每个终端。

（二）便利性

网络直播平台得以兴起和发展的关键在于源源不断的用户流量，社交性是网络直播平台的重要特性。如果直播平台界面设计不符合用户的使用需要，那就无法激发用户的使用欲望，甚至提高了用户的使用难度。也就是说，平台界面设计要遵循便利性原则。便利性原则就是直播平台界面设计需要有一定的逻辑性，而不是设计师天马行空般进行自由想象。界面设计的便利性原则包括同一终端的界面的逻辑性和不同终端的界面的逻辑性两个方面。

在正式搭建直播界面之前应该有清晰的设计思路，遵守大多数在线平台的界面设计逻辑，以界面使用的便捷性降低用户操作平台时的转换成本和时间成本。如果完全偏离大多数在线平台的界面设计逻辑，很可能让用户摸不清界面使用的规则并无法迅速地找到所需要的功能。直播平台界面设计需要向用户提供舒适的界面，使其能够迅速查找信息、对平台进行各种操作等，展现它的友好性。在结构上展现友好性，也就是合理地控制界面的层级数和内容量，在尽可能结构简易的基础上容纳更多的内容和功能，合理划分和安排各层级内容。比如，在手机界面，直播平台的首页一般是平台的推荐内容或用户所关注的主播的直播推荐，界面的下方一般设有"我的""首页"等功能键。用户进入"我的"界面，可以进行个人信息等个性化功能设置，而不是在"首页"进行调整。同时，直播平台可以在用户刚进入平台时，提供统一的使用教程引导，便于用户迅速地掌握平台的基本使用操作。此外，直播界面设计的便利性还体现在平台在不同终端的界面设计的差别化。例如，在手机界面上，直播平台无法进行同一界面的多级分栏，但是可以通过对一级功能进行操作，转入二级功能的操作界面，简化操作界面；在电脑界面上，直播平台可以通过合理的组织分类和导航结构的设计，利用折叠的效果让不同层级的功能处于同一界面，用户无须多次转换界面，而电脑界面尺寸也不会让用户产生内容拥挤的感觉。

此外，市面上最为常见的手机都是各大品牌的触屏手机，用户操作是通过手指的触摸完成的，平台界面设计应尽可能让"我的""首页"等常见功能位于用户单手操作也可以触及的位置。如图4-3所示，功能栏中搜索功能使用频次较高，应位于大多数人惯用手的一侧，即搜索功能应偏向

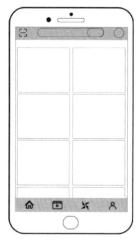

图 4-3 直播导览页功能设置示意图

位于右端，扫描等其他功能则位于界面的左边。个人设置中"我的"状态栏则可以位于右下角，这是考虑到用户无须经常更改个人信息或 App 的设置，非常用的主功能可以位于单手较难触碰到的界面位置。直播内容的呈现则应该设置全局触碰即可跳转，而不是设置专门的区域按钮来实现跳转，这是考虑到单手操作时，用户的大拇指一般只有横向界面的长度，较难触碰界面左上区域来进行操作，直播界面的全局触碰则扩大了可操作的空间。电脑端则一般通过鼠标来完成界面操作，这就要求电脑终端的直播界面应设有界面滚动条，供用户纵向或横向快速浏览内容，而不是用键盘来缓慢操作。界面设计者不仅要美化界面，还需要深入了解用户的使用习惯，使界面变得更为友好、更加易用、更加舒适和有趣。平台界面的便捷性也直接影响平台的准入门槛和用户的使用积极性，进而影响到平台的后续发展。尤其是对于娱乐类直播平台来说，内容的阅读门槛不高，用户希望获得更为轻松的体验，如果界面使用便利性不足，则是在逼迫用户自行适应界面的使用规则，降低了用户观看娱乐类直播的愉悦感。

（三）交互性

对于网络直播而言，交互性是最重要的平台功能属性，也是直播平台能够获取其他新媒体平台用户的关键。人类是社交化群体，在跨时空的虚拟空间中，用户需要平台提供交互功能来满足自身的情感需求。这种交互性既包括平台界面中的人机交互功能，也涵盖平台提供的人与人交互的功能设计。

人机交互功能是直播平台界面的基础性功能，是互联网平台自诞生以来就具备的功能属性。人机交互主要是指用户与平台之间的交互性，用户在使用直播平台的过程中，通过操作平台界面的功能，来实现自己的使用目的。在这个过程中，直播平台需要向用户提供相应的信息反馈，这种反馈既可以是在界面设计之初就事先预想用户可能需要的功能窗口、按钮、菜单等，还可以针对用户使用过程中产生的一系列问题事先设定好相应回复窗口和自动回复。需要注意的是，这种交互性是建立在便利性原则和规范性原则之上的交互设计。用户需要搜索直播内容或主播时，可以找到搜索栏，输入相应的关键词，平台予以功能性反馈，保证用户可以通过搜索栏进行关键词搜索，人机交互也就在不知不觉中完成。此外，平台可以设置客服窗口，提供人工客服服务，为用户提供针对性解答。这种设置人工客服的人机互动设计无疑增强了平台互动的灵活性。但在网络直播中更为重要的交互是人与人之间的社交性交互设计。从速度慢、针对性强的书信社交，到点对点、点对多的媒体中心化社交，再到现在的非线性的平等化社交，媒体的社交属性在持续加强，社交从线下延伸到线上。网络直播的交互性也在持续强化，分享成为用户最常用的功能属性之一。分享是社交活动中的重要一环。娱乐类直播平台的信息分享更是一种信息反馈，用户在接收和输出信息的过程中也期待着反馈，这也进一步刺激了用户产生在直播平台上进行分享的欲望。这种分享可以是点赞、转发、评论等公开的不同强度的信息反馈，也可以是私信等非公开的高强度信息反馈。这就要求娱乐类直播平台界面提供相应的功能窗口。在直播平台界面上，应该设计评论、点赞、转发、私信等多类功能，以供用户进行针对式或发散式的社交对话。在这些功能窗口中，平台还应嵌入文字、图片等多种形式的选择功能键，用户和其他主体可以运用这些功能键进行自主表达，与其他用户建立不同强度的社交关联。也就是说，直播平台界面设计应该重点考虑交互性，合理安排人机交互设计功能和人与人的社交设计功能，以完善交互功能设计来提升平台整体的交互质量，进而提升用户的使用体验。

（四）记忆性

互联网用户对平台内容的记忆精准度不高，甚至可以说大多数时候是错误的。这是由于互联网平台中大量的数据信息与用户有限的记忆容量之间存在矛盾。在网络直播平台中，直播内容的多样化、信息的零散性和即时性大大加剧了用户记忆内容的难度。或者说，用户不可能对直播平台的大量数据信息进行准确记忆，哪怕是对自己浏览过的信息也难以精准记忆。这就要求平台在进行界面设计时考虑到用户的记忆性需求，增强记忆功能设计，遵循记忆性原则。

　　记忆性原则就是平台通过界面功能设计，分担用户的记忆压力，将记忆压力转嫁给平台自身。平台在设计界面的记忆功能时应进行分类化处理，可以分为针对特别关注主播的记忆功能、针对浏览过的直播内容的记忆功能、针对重点直播内容的记忆功能和针对用户账号密码的记忆功能。首先，设计针对特别关注主播的记忆功能是因为不同主播的直播时间不一样，直播的内容不相同，但主播数量多，用户无法一一记忆，需要借助平台功能来记忆。这种记忆功能的界面设计实际上也免去用户再次搜索主播的麻烦，简化了直播内容搜索程序，使用户可以根据自身的需要进行较为准确的内容搜索。这一般表现为关注功能设计，用户可以关注感兴趣的主播，并在下一次进入时直接接收主播的直播信息和精准化浏览感兴趣的内容。其次，设计针对浏览过的直播内容的记忆功能则是为用户的可能性查找需求服务。用户在浏览直播内容的过程中，不一定对所有直播内容都感兴趣，也不一定因为对某一直播内容感兴趣而关注主播，但用户可能在直播结束后想回顾某一直播内容，或者想关注某一主播。这一功能实际上使用户能够通过浏览记录来查找可能需要的直播内容和主播，帮助用户迅速找到所需要的内容，而不是在海量的直播内容中盲目寻找。这一功能往往表现为直播平台界面中的浏览历史功能设计，有效提高了用户的信息搜索效率。再次，设计针对重点直播内容的记忆功能则是帮助用户记忆其感兴趣的直播内容，记忆对象是直播内容，而不是主播。用户可能想提前关注某一个直播，或出于回顾、研究等需要再次观看某一直播内容，如果直播平台界面设计忽略了这一功能设计，就加大了用户查找相应信息的难度，增加了用户查找直播内容的步骤。这一功能设计一般表现为收藏功能设计，能够使用户迅速回顾重点关注的信息。最后，平台的记忆性原则还体现在针对用户账号密码的记忆上。如果要增强平台的用户黏性，那就要简化用户使用平台的程序。这不仅仅强调界面设计的便利性原则，还强调了界面设计的记忆性原则。平台可以通过增加界面的"记住密码"选项来供用户选择一次性登录或永久性登录，在一定程度上避免了用户在短时间内需要频繁登录。可以说，记忆性原则可以减少用户搜索信息的难度，简化用户进入平台的程序。

二、界面设计图式分析

（一）映客直播界面设计图式分析

2015年，映客直播诞生，并于"千播大战"中脱颖而出，成为泛娱乐直播行业的代表。在进入映客直播前，用户最先看到的是该直播平台的图标，即猫头鹰卡通图案。图标以夜行性动物猫头鹰暗示企业的直播业务不分昼夜，使用户将平台与猫头鹰、企业信念等要素结合起来，强化用户对映客直播的认知。映客直播主攻手机端的直播平台市场，在电脑端等终端主要设置了相应的平台介绍，如图4-4所示。电脑端界面内容包括直播平台的视频介绍、平台的手机端下载链接、企业的相关业务和产品等，不提供相应的内容产品。

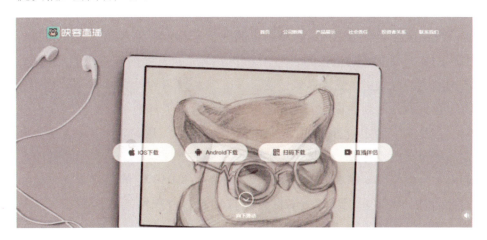

图4-4 映客直播电脑端界面

在安卓端映客直播App中，直播界面以图片为主，以文字为辅，内容主打交友。在界面规范性设计上，映客直播将功能状态栏细分成"直播""交友""消息""关注""我"五大模块，并在五大模块的基础上进行细致的区分。以直播首页为例，平台将界面划分为直播功能栏和直播推荐功能栏。直播推荐栏又可以细分为以地理位置区分的附近直播层级、以实时区分的推荐直播层级和以直播热度区分的热门直播层级。在以实时区分的

图 4-5　映客直播首页、"交友"界面

推荐直播层级中，平台将界面划分为直播内容介绍部分、直播分类介绍部分和映客头条部分，以此推荐个性化内容，以便用户自主选择感兴趣的内容和平台。在图 4-5 中，可以明显看出映客直播平台的结构层级较为清晰，图片之间存在一定的间隔空间，降低内容的高饱和度所带来的压迫感，用户在浏览图文的过程中可以对主播风格有初步了解，初步确认自己对直播内容是否感兴趣。首页的功能栏和状态栏的界面高度占比在合理范围内，直播内容的分类栏和直播平台的信息推送的消息栏的界面高度占比也较为合适，减少了满屏的直播内容带来的压迫感，不同内容的分级排布给人以舒适感。

在界面的便利性设计上，映客直播综合考虑了其他平台的界面设计逻辑、自身的平台定位等多方面因素，构建起具有自身特色的直播平台界面。平台界面设计提供了搜索、关注等多个基础性功能，符合用户使用互联网平台的习惯。在直播首页中，用户浏览的最主要目的是搜索感兴趣的直播内容，平台更多地考虑了直播内容推荐、自行搜索等功能设计。因此，搜索、直播的定时更新、直播热点的滚动等板块都被嵌入直播首页中，而非"关注""交友"等界面中。同时，结合自身的交友社区构建需要，平台在首页增加了"交友""消息""关注"三部分功能设计，用户可以根据需要建立自己的交友圈，与特定用户进行非公开性交流，直接了解相应主播的直播情况。对于熟悉互联网平台的新用户来说，直播平台的使用难度不高且便捷。在映客首页中，界面下端的状态栏从左至右依次设置"直播""交友""消息""关注""我"五大子界面入口，满足了用户的基本功能需求。直播功能栏则设置了直播平台分类推荐的界面、搜索、直播摄制等多个功能，将系统的个性化推荐放置在界面的左上区域，综合考虑平台的内容推广需要和用户操作频次较低的实际情况后，将搜索、直播摄制等功能放置在界面的右上区域，方便用户操作。"交友"界面提供了话题功能、关注功能、图文发布功能等，让用户能迅速适应界面的操作。直播间界面的整体内容分布符合界面设计的思路，主播及背景被遮挡的部分接近半个界面，整体布局较为合理，操作便捷。评论、打赏等功能则依用户的使用频次来排布，便于使用。

在界面的交互性原则上，映客直播提供了显性交互和隐性交互两种功能。显性交互是指人机交互和用户间的交互。用户能够借助平台提供的功能满足自身的操作需求，在"交友圈""消息""主播的私信""直播间评论区"等多个界面进行用户与用户、用户与主播的信息交流。此外，用户能够借助平台信息推送的非线性特点实现与其他用户的交流。在映客直播平台中，用户能清楚地感知到平台提供的"地理位置式"的内容和用户推荐服务，平台以用户在现实生活中存在的地理位置为推荐逻辑，搜罗出以用户的地理位置为中心的潜在交友圈，使用户在直播间这一虚拟空间的心理距离被大大缩短。地理位置的划分能激起用户的地区认同感，增加了用户将线上的虚拟社交关系线下化的可能，降低了将其转换为现实社交的成本。这本质上是映客直播平台提供的隐性交互功能。

在界面的记忆性原则上，映客直播设置了专门的关注界面及主要的关注查看功能，用户既能直接在专门的关注界面查看关注的主播的直播情况，根据自己的兴趣进入直播间观看，又能浏览自己的关注列表，有针对性地了解特定主播，而无须回想自己感兴趣的主播的名字。除此之外，平台还提供了观看记录查看功能，用户如果想要查看任一看过的直播，可以通过这一功能进行回溯。这大大缓解了用户的记忆能力有限但信息的记忆需求无限的矛盾。

但是映客直播也存在诸多问题。第一，内容推介不够清晰。直播首页中的直播内容推荐并没有直截了当地介绍直播主题，而是附注主播名、地点、观看人数等信息，这在一定程度上彰显了映客直播的交友特色，但是忽略了用户的使用需求。在众多直播内容中，用户往往希望能从直播推荐界面中直接获取内容信息,而非进入直播间后才了解内容信息,以免增加数据成本和时间成本。第二,直播首页设计影响用户的使用体验。映客直播首页是平台的内容推荐,而不是用户的关注者圈或交友圈界面。对于新用户而言,推荐功能的确能够给用户提供内容服务,缩短其找到所感兴趣的内容的时间,但是大量老用户无法直达自己的关注圈或交友圈,无法直接联系与自己关系密切的用户,这增加了观看直播或浏览交友圈内容的操作步骤,降低了用户对平台的好感度。第三,直播间的界面设计在一定程度上在打法律擦边球。映客直播间的关注功能予以用户的反馈是通过动图式的已关注提醒、文字提醒等多种方式分类呈现的,但是动图式的关注呈现中包含了"撩我"的文字标注和抚摸的不雅动作,影响了平台形象和用户的使用体验。用户关注主播时,平台提供"已关注"之外的反馈固然是好事,但是反馈设计应该是在法律允许的范围内,而不是行走在法律的灰色地带。第四,直播平台的记忆功能有待加强。虽然平台提供了观看记录查看功能,但是这一功能被设置在了首页,而非"我的"界面,与大多数平台的设计思路背道而驰,反而增加了用户的使用难度。而且平台不设有收藏功能,用户无法对内容进行收藏或保存。

(二) 抖音直播界面设计图式分析

2016年,今日头条推出全年龄段的音乐短视频社区平台——抖音。如今抖音已经涵盖了音乐、表演、游戏等多类泛娱乐内容,并抓住直播的发展机遇,在平台内嵌直播功能。与映客直播相似,抖音不设电脑网页端入口,仅设移动端App。电脑端的抖音平台界面突出承担社会责任的案例来宣传企业,挑选重点事件放置在首页展示,通过平台的分级网页展现重要活动,并将移动端导流入口设置在右上角,弱化营销的色彩,如图4-6所示。因此,抖音的电脑端主要承担平台的介绍功能,树立良好的企业形象,以下主要研究的是抖音移动端App。

抖音主打短视频内容,视频直播是平台内容的新板块,该板块成功借助抖音平台的用户流量发展起来,成为当前市场的重要直播入口。从界面的规范性原则看,整休的色调与企业图标一致,以黑色来增强画面的色彩对比。与大多数直播平台不同,它采取的不是直播内容的分区域呈现,而

图 4-6 抖音平台电脑界面

是根据平台业务来安排短视频与视频直播的界面布局，即将直播区域嵌入平台首页的右上角，与短视频服务区分开来，体现了平台特色。直播板块的首页就是被平台推荐的直播间，不再细化各类直播推荐。播首页上，直播平台页面内的布局也符合功能栏、主播、背景、评论区在界面的占比，界面设计规范。直播界面上，直播的内容推荐设计大致符合直播推荐界面设计的要求，注意到了直播间的区隔和主要内容的分类。

从界面的便利性原则看，平台的逻辑结构清晰，各功能的分区参考了市场上大多数 App 的设计思路，并根据自身业务的需要进行了个性化设计。在平台首页，界面依旧设置了搜索栏、视频分类推荐等各大子界面功能板块，满足了用户观看视频、浏览特定内容的需求。在内嵌的直播板块，平台充分考虑到界面的视觉效果，将分享、录制、预言等诸多较常用和不常用的功能整合到一起，用户可以点击后再在弹出的界面中选择使用，这节省了空间，丰富了直播功能，增加了富余空间，增强了界面的美观度、层次性。在更多直播中，平台以常见的折叠式版式来设计界面，尽可能地收缩内容，用户既可以根据直播首页推荐查看内容，也可以通过更多直播的推荐、游戏等诸多类别来进行筛选，实现了在有限空间中的内容高饱和。此外，由于直播首页是平台自主推荐的直播内容，其设置的"更多直播"则位于右上角，这无疑考虑到了用户的直播内容搜索需求，增强了平台的人性化。在直播间的界面设计上，评论、点赞和礼物功能按键也按照大多数用户的使用频次排布，使用便利。

  从界面的交互性原则上看，抖音平台关注到了人机交互和用户间的交互需求。用户能够在平台操作过程中获得平台的机械化回应，最基本的交互功能较为完善。此外，在用户之间的交互上，平台同样设置了评论、私信、点赞等基本的互动功能，为用户与用户之间、直播与直播之间的虚拟空间构建提供了基本的功能服务，如图4-7所示。直播间的评论、点赞、打赏等互动功能被设置在了直播间界面的下半部分，它们仅占据整体界面的1/10，而评论区域的展示占据约1/3的空间，界面层次分明。在交互功能的设计上，平台也考虑到了用户的使用频次，对互动功能进行了主次分级，即互动的三级分

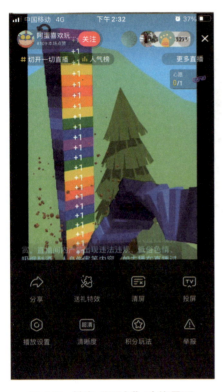

图4-7　抖音"更多"功能界面

层。其中，最重要的评论互动板块占据互动功能的1/2界面，成为一级互动功能；而点赞和打赏则被放置在了右边区域，成为二级互动功能；三级互动功能则是分享礼物特效、"上热门"等功能，满足用户的跨平台互动、与主播深度互动等心理需求。在私信方面，抖音还细分了粉丝、互动消息、创建群聊等功能，用户能够选择性地与特定用户交流。此外，平台还提供了用户现实社交网的线上迁移功能，用户可以通过开通通讯录访问权限来迅速连接现实中的社交网。这种隐性的交互设置无意识地强化了用户的平台使用意愿。

  从界面的记忆性原则上看，抖音平台的记忆功能设置不仅整体设计逻辑清晰，还充分考虑到了用户的需要。观看记录、收藏、关注三大功能都被设置在"我"的界面，并根据用户的使用频次进行三级分层，常用的关注功能则在"我"的界面中直接展现，无须进行二次操作。用户可以实现

对特定主播的关注，无须重复查找感兴趣的主播；实现了对感兴趣的内容的重点记忆，无须关注主播内容；还实现了对观看记录的回溯，无须担心观看直播后因没有收藏和关注而无法再次找到主播。此外，抖音还提供了直播录屏和"我的缓存"功能，大大提升了平台的记忆服务能力。在直播间，用户可以根据自身需求和主播设置的权限，自主选择录制直播内容，以便回看。当成为特定主播的忠实粉丝，或者对某类内容有极大的兴趣，抑或者出于其他需要时，用户就可以借助平台内置的录制功能而无须借助移动设备上的其他专业录制软件来完成直播录制，大大降低了移动端的运行压力，方便了用户的操作。直播具有高数据消耗性，用户可能无法一次性完成加载，可能在观看直播时出现卡顿、画音不同步等问题，这就会影响用户的直播体验，而直播录屏和"我的缓存"功能无疑能够解决用户端的网络信号差或数据量不足带来的观看问题。

总体上，抖音的平台界面设计合理化、人性化，用户观看直播的界面使用体验良好。但是抖音平台仍存在一些问题。第一，直播界面逻辑存在次序颠倒的问题。在抖音的直播界面，直播首页是实时的热门直播间推荐，用户没有自主选择的权利就直接进入了直播间，加大了移动端的播放负担，而流线体的直播推荐虽然能够迅速帮助用户找到热门的直播，但是对用户的直播内容偏好的把握可能存在偏差。将更多直播界面前置到直播首页中，直接呈现用户所关注的主播的动态的形式更有针对性。第二，由于存在空间限制，双直播内容的呈现方式虽然能在有限的空间内呈现更多的内容，但也增加了用户接收大量信息的压力。

（三）映客和抖音界面设计图式比较分析

综观映客和抖音直播界面设计图式，我们不难发现两大视频直播界面设计既有相同点，又有平台差异性。两大平台在界面设计上都遵循了规范性、便利性、交互性和记忆性原则。但在直播定位上，映客直播是基于以地理区域为中心的虚拟交友圈，直播是平台的主营业务，而抖音则是主打基于线下社交圈的虚拟社交网，并将直播内嵌为子业务。这就影响到了两大平台对各自的平台界面的设计。

在平台的规范设计层面，两大直播平台界面内的各要素的布局都比较

图 4-8 抖音推荐界面（左）和映客推荐界面（右）

合理。但是映客直播选择的是有空余空间的直播内容呈现，整体内容密中有疏，没有较强的视觉压迫感，但没有突出平台的企业品牌颜色；而抖音的推荐界面则受制于整体的界面空间，内容布局较为密集，压迫感强，但整个界面设计都融合了抖音的企业品牌颜色，如图 4-8 所示。在平台的便利性设计上，抖音明显优于映客直播，充分考虑了用户的需求和使用习惯。与映客相比，抖音直播界面内各要素的位置更符合用户的单手操作情况，并且抖音多次对不同功能进行分层设计，使得界面简洁大方，贴近用户的需要。

在界面设计的交互性和记忆性上，与映客直播相比，抖音平台更多地考虑到了用户的使用需求，增设了多个互动功能和记忆功能。在互动功能方面，映客直播只是设置了用户观看直播最为常用的评论、点赞、打赏、"真爱团"等互动功能，而没有继续深挖用户的潜在互动需求。但抖音充分考虑到了用户对加持特效等的深层次的新互动需求，不断增强平台的互动属性。在记忆功能上，映客不仅将观看记录放置在了推荐首页，忽略了用户的使用习惯，还无视用户对特定内容的收藏需求，记忆功能较弱；而抖音既兼顾了用户对特定用户、特定内容的关注需求和直播记录的回溯需求，又关注到用户的直播回看需求和直播缓存需求，分级增设了直播录制、视频缓存的记忆功能，大大提升了界面的层次感和用户的体验感。

可以说，抖音的直播界面设计的人性化程度较强，而映客的直播界面设计的功能性较强，在一定程度上忽略了用户的使用感受，还有改进的空间。平台的界面设置需要综合考虑平台的运营需要和用户的个性化需求，既要彰显平台特色，又要遵循以人为本的设计思路，以推动平台发展，增强市场竞争力。

第二节　直播空间视觉设计

对于直播平台而言，直播内容的视觉体验是远超于微信、微博等社交媒体的，这种动态的、极致的视觉体验也是用户涌入直播平台的重要原因。内容的传达再次从文字和图片中被解放出来，回归到动态化、在线化、口语化的内容表达形式，成功降低了理解内容的门槛。需要注意的是，这种内容传达并不局限于主播的内容表达，还体现在直播空间的视觉设计上。直播空间的视觉设计也会影响用户对直播场景的沉浸程度，进而影响整体的直播效果，特别是娱乐类直播。因此，直播空间视觉设计也是直播平台视觉设计的重要组成部分。

一、直播空间视觉设计原则

（一）色彩设计原则

在直播空间，除了主播个人外，用户注意到空间的某一物品往往与该物品的色彩有关。这是因为色彩是人类认识世界、识别物体的重要途径。不同的色彩及色彩搭配会带来截然不同的空间布置效果。因此，直播空间视觉设计应该遵循色彩设计原则，选择色彩合适的物品来装饰直播空间，这不仅能够创造一个符合用户审美的直播空间，还能增强直播空间与内容的适配性。

第一，直播空间要注意色彩的搭配，使空间的色彩搭配符合大众的审美。虽然由于个人的文化修养、生活态度、性别、偏好等多方面的不同，不同个体喜好的配色存在极大的差异，没有统一的标准，但是配色仍有一些基本的规律，也存在大众所喜好的配色方案。一方面，要关注颜色的彩度对比情况。配色暗含着两种及以上的色彩的对比搭配，不同的色彩搭配有不同的效果，要关注色彩的彩度对比。根据强弱，色彩的彩度对比可以分为强彩度对比、中彩度对比和弱彩度对比三类,如图 4-9 所示。强彩度对比是指色彩差异较大,往往是高彩度颜色和低彩度颜色的搭配,如红色与白色、亮红色与暗红色等。这种强彩度对比使得画面整体的刺激性强、具有较强的表现力。在这种情况下,低彩度颜色往往显得柔和,而高彩度颜色就显得抢眼,整体画面更加明亮。中彩度对比的颜色差异相对较小,整体画面更加柔和,视觉冲击力较弱。弱强度对比则是色差不大,色彩对比较为含蓄。另一方面,不同色块之间的面积之比也会影响到空间的效果。如果各颜色占比过于均匀,会给人势均力敌、各不相让的紧迫感,应当予以避免。在空间配色中,可以让某一颜色占据较大面积,充当背景,居于主导地位,其他颜色则作为点缀,这样整体的效果会好得多。一般情况下,相对明亮鲜艳的颜色可以作为点缀色,而相对暗沉的颜色则可以作为背景色,使得整体画面更加协调。需要注意的是,与图片、美术作品等图像内容不同,直播空间的配色不需要过于强调不同色彩的明度差异、色相差异,这是因为现实生活中同一类物品的同个色彩的明度、饱和度差异并不那么大。

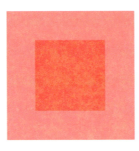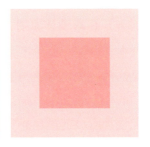

图 4-9　强彩度对比(左)、中彩度对比(中)、弱彩度对比(右)

第二,直播空间的色彩设计应该符合直播场景的需要。一是由于直播最重要的主体是主播,直播空间的色彩不应影响用户对主播的关注。因此,直播空间的背景不应采用过于强烈的颜色,避免空间的色彩与主播争抢用户视线,如应该避免使用亮红色、亮黄色、亮绿色等纯度较高的颜色,如需使用可选择饱和度较低的颜色。二是直播空间的色彩设置应该与直播的气氛相配合。对于歌唱类直播或聊天类直播,直播空间的色彩对比应该较为柔和，以营造一种温和、愉悦、轻松的氛围。对于游戏类直播，直播空间的色彩对比应该相对强烈，能够营造出一种竞技的紧迫感。

（二）场景设计原则

网络直播可以说是将现实场景线上化。这种线上化不是传统意义上的线上交流，而是要尽可能地在有限空间内实现对现实场景的复刻，即日常场景的线上迁移。因此，主播所处空间的布置就要考虑该场景下应存在的诸多物品，尤其是泛娱乐类直播，更需要营造直播氛围。

对于泛娱乐类直播而言，直播场景设计应该考虑在现实生活中该场景的背景布置、表演场所的设备、营造氛围的物品、表演者所处的位置等。第一，在直播中，对现实场景的背景布置的模仿和对营造氛围的物品的模仿，可以触发用户将直播场景和现实场景对接，而不需要主播强调直播主题，如在公开场景演奏诸如古筝、古琴等中国传统乐器时，演奏者的背景可能是动态的水墨画面，也可能是与演奏者的曲目相配合的人物表演；在小型的个人展示场景中，演奏者的背景可能是琴房，也可能是露天的舞台等。在直播间的背景中添置所需的元素，可以设计出该场景下应有的背景。这些元素应该尽可能不被主播挡住，但又不能过于抢眼。而对表演场所的设备的模仿不仅可以以完备的设备来提高整体直播质量，还可以通过这些设备暗示用户直播的主题。

第二，直播场景则影响到主播对直播地点的选择，如直播是否需要一个较为开阔的空间。歌唱类直播场景可以细化为演唱会场景、KTV 场景、才艺展示场景、歌唱类比赛场景等。在演唱会场景中，现实场景内一般有麦克风、耳返、扩声音箱、扩声数字处理器等设备，具化到直播间中，主播虽然不必在狭小的空间内堆放过多的专业设备，但是也需要选择不过于狭窄的空间，要能够放置专业麦克风，并且在放置了可见的专业设备和展现主播形象的空间外，还需要留有一定的空间，以空间的富余呈现场景的层次感和彰显美感。如果是在 KTV 场景中，现实场景中一般有麦克风、工作站、服务铃、点歌用的大面板等设备，但是具化到直播间，主播无须增设工作站、服务铃、点歌用的大面板等设备，一般在用户可见的空间内仅放置麦克风，将直播背景尽量设置为纯色、没有添置过多元素的单一墙面，点歌设备被转换为与用户的互动，将点歌权交付给用户，不直接表现为现实场景，而 KTV 中的合唱和轮唱则可以通过多个主播的连线及相似的直播背景设置来展现。

（三）空间设计原则

直播场景是在一定的空间内展示的，一般是主播可以展示内容、用户可以看到的空间场景。空间感需要通过各个方向的边界限定来呈现。如果没有边界，空间就是概念上的，无法被感知。自由存在的有形的边界，才能赋予无形的空间有形的意义。[①] 因此，本书所提到的空间是视频直播所展现的场景中的实体边界和摄像机所能拍摄到的虚拟边界所框定的有限空间。在娱乐类网络直播中，直播空间可以分为封闭空间和敞开空间。

在封闭直播空间中，主播可以有效隔绝外界的各种干扰，更具私密性和个体性。在整个空间的构建上，从用户视角看，最为直观的是主播与直播背景的水平距离。通过视觉上的水平距离，用户可以直观地感受到直播间的大小。如果视觉上的水平距离过短，整体画面就会显得拥挤，使用户觉得直播间仅有方寸之地，给人压迫感，难以营造出轻松愉悦的氛围；如果视觉上的水平距离过长，则会放大背景，使用户觉得主播与边界的距离过于遥远，用户视线可聚焦的点增多，容易分散用户的注意力，影响直播质量。一般来说，主播与背景的距离在 100～130 cm 为宜。

直播空间中还有另一个水平距离——视频画面所展现的横向的水平距离，其视主播人数而定，一般只需略大于容纳主播的横向距离。如果只有一个主播，那视频画面的横向距离应比主播身体的横向距离大 20～30 cm，既将主播的主体地位凸显出来，留有空白引用户遐想，又避免造成用户视线的分散。

直播空间的垂直高度则直接影响主播的表现。当主播占据视频画面垂直高度约 1/3 时，主播占用的空间显得太小，直播空间上部过于空旷，

[①] 汤洪泉. 空间设计[M]. 北京：人民美术出版社，2010.

整体空间结构失衡，呈现效果差，视觉审美价值低；当主播占据视频画面垂直高度约 1/2 时，虽然主播占用的空间与直播空间上部的比例均衡，但是过于均衡会造成直播视频重点和非重点的模糊化，而且主播所占据垂直高度低于 1/2 时，大部分直播画面会被评论挡住，动态弹幕更会把主播画面完全挡住；但当主播占据视频画面高度的 2/3 时，主播的身体既填满了直播空间的下部位置，凸显了主播的主体地位，又留有足够的空白空间使用户得到视觉上的轻松感，符合娱乐类直播空间的构建要求。

在敞开式直播空间中，主播一般选择室外直播地点，空间边界变化性大，直播空间视野扩大化、变化因素多。主播可以完全伸展身体，以身体语言和对话来聚集用户。主播应处于整个直播空间的中心位置，直播时根据情况进行微调，但总体上应处于中心位置。直播空间的背景与主播的距离不宜超过 20 m，直播中的横向距离不应过于宽敞或狭窄。

尽管每场直播的内容不尽相同，但是直播的主题具有一致性，这就使得直播空间相对稳定，可以用固定不变的边界围合而成。敞开式直播空间则需要根据情况进行具体设计。

二、直播空间设计分析

（一）古筝类网络直播

在抖音直播中，古筝类网络直播是较为常见的娱乐类直播类型之一。在古筝类网络直播中，主播一般以自选曲目和用户推荐曲目为主要表演内容，并根据表演内容与用户聊天。此类主播需要减少直播外各因素的干扰，因此，一般选择封闭式空间来直播。此处以"紫萌"和"涪涪古筝"为例，分析古筝类网络直播中的直播空间布置，如图 4-10 所示。

在"紫萌"古筝直播间中，直播空间设计有值得称赞的地方，也有可以改进的地方。在色彩设计上，整体以素雅的米黄色为主，不存在明显的彩度对比，直播画面柔和、淡雅。在场景化设计上，直播空间设计有可以改进的空间。一方面，直播间背景中的素雅花瓶充当背景装饰，但半幅画框和画框中的内容不够凸显了背景的层次性，在一定程度上无法烘托古风场景氛围，分散了用户的注意力；另一方面，为了表现出古

图 4-10 "紫萌"(左)和"滃滃古筝"(右)抖音直播界面

筝才艺表演的现实场景和增强直播的互动性,主播在直播间放置了古筝,还配置了专业麦克风。由于封闭式空间的限制,主播未能完整展示古筝,重点展示了古筝的右半部分,现实场景的线上化或许不够充分。在空间设计上,主播对空间布局的把握娴熟度还可以进一步得到提高。主播在整体画面中的横向和纵向比例较为协调,避免了整体结构上的失衡,处于中心位置,符合用户的视觉聚焦习惯,能够迅速捕捉到用户的视线。可移动的麦克风让主播根据需要适时微调画面布局,机动性强。另外,空间设计上还有改进空间。一方面,主播与背景的距离不够远,视觉上给人以紧贴墙面的压迫感,使用户所感受到的虚拟空间小,导致主播与背景的界限模糊化,无法呈现出层次感;另一方面,直播空间上部放置了古风灯饰,在一定程度上起到与主题配合的作用,但是由于灯饰占据了直播空间的大部分,导致上部空间不足,在一定程度上影响了整体视频画面的构图。

在"湉湉古筝"直播间中,直播空间的色彩设计、场景设计和空间设计各有优劣。在色彩设计上,整体以素雅的米白色为主,符合大众对古筝持有的清雅柔和的印象。在场景设计上,直播空间设计忽略了场景的线上化的审美问题。一方面,虽然墙面的山水画能够引导用户将古筝与古风相关联,但是背景边界不规整,在一定程度上干扰了用户视线,影响其对直播空间的感知;另一方面,主播在直播间放置了古筝,还配置了专业麦克风,设计出古筝的才艺表演的现实场景,增强了直播的互动性。主播虽然能够重点向用户表现右手的勾、托、劈、挑、打、摇等多种指法,但是展示的古筝在整体画面中的位置较低,占比较小,减弱了才艺表演的现实场景的塑造力,即现实场景的线上化不够充分。在空间设计上,主播还需要厘清主播、背景、直播画面的位置关系。古筝右边部分较为完整,能够较好展示右手指法,让用户感受古筝的韵味。主播的位置也大致位于整体画面的中心,纵向空间没有过多杂物影响视线,能够凸显出画面的重点。主播在进行直播空间的设计时,可能忽略了用户的送礼物等动态互动展示很可能会完全挡住画面。主播所处空间范围较大,但是背景不平整,空间边界多变,空间的不规则和无序影响画面和谐。背景中所展示出的部分装饰物虽然填补了主播右偏的空白感,但装饰品的不完整影响了空间设计的秩序感,不如予以留白。

(二)歌唱类网络直播分析

歌唱类网络直播也是常见娱乐类网络直播的一种。与古筝类网络直播相比,该类直播的现实场景更加多元化,直播空间构建也更加多元化。根据直播空间场景设定,歌唱类网络直播可以分为歌唱教学类、KTV 场景下的歌唱类等。下面以"丁靖懿声乐""什么叫嘟嘟嘟"为例进行分析。

"丁靖懿声乐"的直播间以零基础学唱歌为主题,属于歌唱教学类网络直播。在色彩设计上,背景以白底黑板为主要构成,白色是主色调,没有过多的配色,以白色刺激受众,使受众更关注内容。在场景设计上,教学用具是最基本的场景要素。图 4-11 中,直播空间中放置了传统教学用具——小黑板,以红笔作为标注工具,借助这些用具引发用户的联想,

图 4-11 "丁靖懿声乐"的
抖音直播间

图 4-12 "叫什么嘟嘟嘟"
抖音直播间画面

将用户带入课堂的场景中。在空间设计上，根据课堂教学场景的注释需要，主播将自己置于直播空间的右边界位置，留出足够的空间给黑板，避免送礼物的动态弹幕遮挡主播画面。主播虽然没有处于直播空间的中心位置，但是教学过程中的肢体语言能够有效集中用户的注意力。但是由于线上教学所需要的空间较大，而主播与背景的距离非常近，使得直播空间显得较小，边界感极强。加之在直播空间中主播的半身身高与小黑板的高度有一定差距，背景较高，削弱了主播的视觉主体性。主播可以将椅子调高，尽可能平衡黑板和主播的高度差，再拓展直播空间的边界。

在主播"叫什么嘟嘟嘟"的直播间，歌唱表演是主题，一般以主播自选曲目、用户点歌、主播互动 PK 等为主。在色彩设计上，直播空间的背景颜色为米黄色，色彩柔和，给人轻松愉悦的感觉，但是光线太暗，导致米黄色的明度被削弱，抑制了色彩带来的轻松感。在场景设计上，主播仅用麦克风来营造 KTV 场景，而没有添置更多的专业设备。这既节省了直播空间，不添置物品来扰乱整个空间的设计，也有效营造出一种普通家庭式的、生活化的 KTV 场景氛围。在空间设计上，主播将除麦克风之外的设备移出直播空间，将麦克风放置在直播空间的左边界位置，突出了主播的主体性地位，如图 4-12 所示。但是直播空间的横向和纵向设计还存在改进空间。直播空间的背景是以纯色的窗帘来搭建的，较为整洁，没有多余的装饰，但是窗帘不平整且与主播的水平距离非常近，模糊了层次。在横向距离上，麦克风遮挡了部分空间，横向实际距离被麦克风切断，横向视觉距离缩短，主播在直播空间的占比被放大。在垂直距离上，主播在纵向空间占比较为合理，但整体的空间设计呈现俯视视角。总体上看，直播空间的边界分明，视觉的直播空间感不够，在一定程度上影响了用户的观看体验。主播可以增大自身与背景的水平距离，调整空间呈现的视角，并且适当增大直播空间的横向距离，从而扩大整体的视觉空间范围。同时，可将背景调整为平整的墙面，可以用贴纯色墙纸、重新粉刷等方式对背景进行重新设计，从而使空间设计更富有层次感和逻辑性。

在同类直播间中，具体的场景设定也会影响主播对空间的设计，具体表现为背景设计、场景设备的添置、场景装饰的添置、主播所处位置的调整等。但整体设计应该遵循直播空间设计的基本原则，确保符合大众审美，以及具有空间布局上的逻辑性和层次感。

第三节　主播形象装饰

在娱乐类网络直播产品中，主播是主要内容生产主体，是娱乐直播内容产品的视觉中心。主播的视觉形象会影响用户对直播内容的体验和评价。主播的视觉形象是综合服装、饰品、发型、妆容等多个方面直观地向用户呈现的个人形象。主播的个人形象因人而异，需要整体性、全面性的构思和设计，需要与直播场景适配。

一、主播形象设计要素分析

（一）服装

服装是用户评价主播形象的重要参考要素。服装是一种物化的审美语言，主播通过设计自身的穿着，以符合自身特点的着装向用户传达个人形象。

主播要根据直播场景的特点和需要选择合适的着装风格。根据所适用的场景不同，服装可以分为礼服、便服、职业服和表演服四大类。在娱乐类网络直播中,最常见的是个人才艺表演类直播、与衣食住行和休闲生活紧密相关的生活类直播。这些直播比较轻松、有趣,有较强的娱乐属性。表演类直播还可以根据具体场景进一步细化,细分为歌唱类、乐器类、舞蹈类等。在歌唱类直播中,如果主播主要唱抒情的流行音乐、轻音乐等,则可以选择便服,用穿着来营造一种轻松自在的直播氛围;如果主播主要唱民谣、古典音乐或古风音乐,则可以选择民族服装等;如果主播主要唱爵士音乐、摇滚音乐等,则可以选择个性化特点较强的炫酷型服装等。在乐器类表演中,主播可以根据自己所表演的乐器来选择合适的服装,如古筝类主播可以选择汉服,钢琴类主播可以选择燕尾服,芦笙类主播可以选择壮族服装等。在舞蹈类直播中,主播可以根据舞蹈类型来选择服装,如芭蕾舞主播选择芭蕾舞服,拉丁舞主播选择展现身体线条的服装、流苏服装等。生活类主播则多穿着便服,向用户呈现一种贴近生活的直播氛围。一般情况下,生活类主播的服装应该能够展现个人性格特质。

除了适应场景需要外,还应该关注服装的面料。服装面料的差异也会向用户呈现不一样的视觉效果,如柔软、坚硬、光滑、粗糙等。第一,粗糙的质地,如棉麻面料。棉麻布料制成的服装表面凹凸不平,对光线一般呈现漫反射状态,产生的视觉效果是色彩明暗变化比较柔和,无刺激性的反射光,色彩变化比较稳定,给用户的视觉感受较好。同时,棉麻布料的制衣成本高,所制成的服装成品的质量往往比较好,且常用于古典服装,适合展现平和、温柔的气质,适用于中国古典乐器类等直播内容。第二,光滑的质地,如雪纺面料。这种面料质地对光线的反射呈现漫反射和镜面反射状态。在视觉上,雪纺面料既有亮光,也有柔光,增强了服装的局部间的对比强度,使服装立体感增强。雪纺面料柔软,给人的感觉比较柔和,且雪纺的制衣成本低,不易皱,主播无须担心服装的褶皱影响整体的视觉形象。

总的来说,不同的娱乐直播场景所适配的形象表达能够向受众准确传达直播理念,同直播主题相互呼应。主播应该关注服装,使服装与自身的直播需要相适应,并通过选择不同面料的服装来强化服装的形象塑造效果。

（二）饰品

饰品是与服装相配合的形象要素，如果与服装适配，往往能起到画龙点睛的作用，体现主播的品位和个性特性。根据使用价值，饰品可以分为首饰和衣饰。

主播能够通过佩戴首饰来强化自身的风格。服装一般比较柔软、温暖，首饰较为绚丽、坚硬。第一，主播应根据服装版型来确定饰品。如果主播的服装比较宽松、舒适度高，那么主播就可以佩戴简单的首饰；如果主播的服装比较能展现身体曲线，那么主播可以选择佩戴一些结构紧凑、细小的首饰，如吊坠。第二，饰品应根据主播的服装风格而定。穿着民族服装应该佩戴民族特有的首饰，如苗族的银手环；穿着汉服则可以佩戴步摇……简单大气的服装可搭配粗线条、设计夸张的饰品；端庄典雅的服装则可以搭配细小且精致的耳钉、简单大方的金属项链，凸显主播的温柔、端庄、大气。需要注意的是，同一类服装也存在不同风格，需要搭配不同的饰品。以汉服为例，齐胸襦裙呈现的是温婉大方的淑女气质，与之相配的饰品应该是颜色相近的流苏款式步摇，而短褐、直裰等服装呈现的往往是干练、果断的侠客气质，与之相配的饰品应该是简单大气的簪子。

衣饰也是塑造主播形象的饰品要素之一。常见的衣饰包括包、帽子、鞋、围巾、腰带等。娱乐类直播一般以室内直播为主，以室外直播为辅。这些衣饰一般用于室外直播的主播形象设计上。主播可以根据直播场景选择不同类型的帽子。向用户展示街舞才艺的娱乐类主播可以选择设计感强、凸显个性的鸭舌帽，塑造主播的酷炫性格；向用户分享动漫手办的娱乐类主播可以选择日系风格的渔夫帽，塑造温柔、亲和力强的主播形象。在鞋子的选择上，街舞类主播应选择舒适柔软的平底鞋，以便展示自身的街舞水平；动漫类主播既可以选择柔软舒适的平底鞋，也可以选择与洛丽塔等服装相配的鞋子。在腰带的选择上，主播只需根据服装进行选择，如女主播身着长裙时，用腰带来优化视觉上上半身和下半身的比例。

（三）发型

发型与服装、饰品一样，是提升主播形象的重要要素之一。选择一个合适的发型，不仅能够弥补主播头型和脸型的不足，突出主播的脸部特点，还能展现主播的精神状态，使人显得神采奕奕。

主播应该先了解自己的发质。发质是由身体所产生的皮脂量决定的。第一种是油性发质。这种发质的发根容易出油，发丝油亮、比较细软。油性发质的头发比较容易打理，适合的发型多，但需要经常梳洗。第二种是干性发质。其特点是头发干枯，发丝粗硬，没有光泽，容易打结和分叉。在设计发型前，主播应先用油性烫发剂改善发质，降低做发型的难度。这种发质的主播应该避免复杂的发型设计，选择简单大方的梨花烫等发型。第三种是中性发质。其特点是头发既不油腻也不干燥，发丝柔软顺滑。这种发质的头发一般比较服帖，可供修剪的发型也比较多。

在确定发质后，主播可以根据自身的发质来选择具体的发型。以女主播为例，第一种是长直发型。这种发型的线条清晰，给人端庄、流畅的感觉，能够有效凸显女性的柔和感。这种发型比较适合表演古典乐器等的主播，能够向用户展示主播理性、文雅的形象。但是如果主播的脸型是长方形，那么应该避免这种发型。第二种是波浪卷发型。这种发型的线条感较强且是具有一定的曲线。波浪卷发型给人以韵律感和节奏感，比较适合抒情歌曲演唱类、聊天类等娱乐主播，向用户展现主播柔美、浪漫的形象。第三种是盘发型。这种发型可以分为高盘发和低盘发两种。即使是同一个人，不同的盘发也会塑造出不同的气质。一般来说，高盘发往往塑造出主播典雅和大气的个人形象，适用于古典乐器、汉服等娱乐类主播；低盘发往往塑造出主播妩媚柔和的个人形象，适用于聊天、唱歌等娱乐类主播。此外，盘发还可以修饰脸型和头型，如果主播的颧骨较高，可以利用部分碎发来遮挡颧骨，起到弱化颧骨的视觉作用；如果主播的头型比较扁，可以通过高盘发来遮挡，增强整体的视觉美感。

主播应根据自身的脸型来设计发型，利用发型来修饰脸型。修饰脸型的方法有三种：第一种是衬托法，主播可以用两鬓的头发和额前的部分头发改变脸部轮廓的视觉效果；第二种是遮盖法，主播可以用头发来遮住头部或面部的不协调部位；第三种是填充法，主播可以借助头发来弥补脸型的缺陷。这三种方法是可以融合应用的。圆脸脸型主播可以用两鬓头发来遮住部分脸庞，也可以用侧分刘海、增加发顶头发的蓬松度等方式来拉长脸部，削弱近距离直播对脸部的放大作用；方脸脸型主播的脸部棱角比较明显，主播同样可以通过侧分刘海、增加发顶头发的蓬松度等方式来拉长脸部，使脸型变得柔和，或者将头发往一侧梳，以不平衡感削弱方脸的线条感；长脸脸型主播可以用刘海来遮挡部分额头，缩短脸长，并且将两鬓的头发剪至腮帮或耳根长度，增强脸部的圆润感；倒三角脸型的主播下巴比较尖，主播可以通过将靠近下巴的头发处理得蓬松一点，或者用侧分和长过腮帮的长发来填充尖下巴的富余空间，使其在视觉上显得饱满，弱化下巴的尖锐感；菱形脸型的主播可以通过侧分头发、增加蓬松的刘海来增大额头的宽度，同时用头发遮挡住较高的颧骨，使脸部更加柔和；椭圆形脸型的主播适合的发型较多，中分的均衡型发型能够凸显主播的娴静、端庄气质，黑色长直发则会凸显主播的飘逸出尘气质。

（四）妆容

妆容是能够大大提升主播形象的重要设计要素。通过化妆，主播能对自己的五官进行提亮等，进而修饰脸型。

主播可利用粉底均衡肤色、改善妆面。主播要先确定自己是干性、油性、混油性中的哪一种肤质，确定皮肤的颜色，再选择适合自己肤质的相应色号的粉底液或粉底膏。主播如果皮肤状态比较好，可选用粉底液，如果皮肤瑕疵较多则可选用粉底膏。主播通过粉底可统一面部的肤色，调整皮肤的视觉状态，增强立体感。

主播可利用眼影和眼线来改善眼睛和眼周的视觉状态。眼妆化得好，能使眼睛变得又大又亮，给人精神奕奕的感觉。更重要的是，不同的眼妆能凸显不一样的气质。以大地色为主的眼妆往往能突出主播的知性气质；以深棕色为主的眼妆则使主播兼具知性和温柔的气质；以肉粉色为主的眼妆则展现出主播温柔、妩媚、具有亲和力的气质。

主播可用眉笔来修饰眉形。眉形需要根据脸型来确定。圆脸脸型的主播可以选择带眉峰的上挑眉或者一字眉，眉峰的位置应在靠外侧的 1/3 处，眉峰只需略有上扬，眉间距尽量不要太宽，以增强脸部的棱角感和线条感；方脸脸型的主播可以选择一字眉，可以略有眉峰，眉峰应比较圆润,但是眉毛不能太细太短,眉间距也应在眼睑之间,增强脸部的柔和感;长脸脸型的主播可以选择一字眉,拉宽脸部,避免上挑眉拉长脸部,使脸部的纵向和横向长度比例较为均衡,而眉峰应画在眉毛的2/3处,眉峰尽可能平缓些,眉间距可以略宽;倒三角脸型的主播可以画上挑眉,眉头略粗,眉间距不要太窄,尽可能不要拉宽脸部;菱形脸型的主播适合一字眉和标准眉,在眉毛的1/2靠外处起眉峰,眉峰要尽可能圆润柔和,削弱线条感。

主播可利用腮红来增添气色。一方面,腮红的颜色不同,所烘托的气质也不同。一般来说,橙色显得温柔和充满元气,粉色显得软萌和可爱,米橙色显得成熟和知性,褐色显得温柔和知性。另一方面,不同的脸型可以采用不一样的画法。圆脸脸型的主播打腮红时可以从鼻翼斜向外打圈至颧骨,靠近颧骨的腮红不低于鼻尖,用长线条刷至太阳穴;长脸脸型的主播可以从颧骨到鼻翼向内打圈,刷在脸颊较外侧,不要低于鼻尖,且以横刷为宜;菱形脸型的主播可以从耳际稍高的地方向颧骨斜向上刷,颧骨处的颜色可以深一些;方脸脸型的主播可以从颧骨顶端向下斜刷,两颊的位置颜色可以深一些。

此外,主播还可以通过口红等其他化妆品来弥补脸型上的缺陷。

二、主播形象装饰分析

(一)"湉湉古筝"的形象分析

"湉湉古筝"主播是古筝类直播中较有名气的主播。

在服装上,主播身着红色窄袖连衣裙,具有个人特色,但与直播场景的适配度尚可提高,如图4-13所示。该连衣裙的版型明显参考了旗袍的版型设计,保留衣领、收腰等设计元素,在一定程度上能够凸显主播的气质,但是更侧重于凸显主播娇俏的气质。古筝给大众的第一印象是典雅、端庄,演奏者的服装应是端庄的、典雅的。此外,服装面料是非平滑、多褶皱的,可以对光线进行漫反射,色彩明暗变化比较柔和、平缓,无刺激性的反射光,用户的视觉感受较好。主播的服装是砖红色,与米白色的背景形成强烈反差,用户不自觉地将视线聚焦到主播身上。

从饰品看，主播并没有佩戴饰品，既符合古筝演奏的需要，又塑造了简单大方的气质。基于古筝的弹奏需要，弹奏者不仅要先用胶布做好十指的保护措施，还不能佩戴可能妨碍古筝演奏的饰品，如手链等。这些细节更能凸显出主播的专业性，而且有利于演奏的顺利进行。此外，主播的发型是蓬松的长直发，无须多余的配饰。这就烘托出了主播简单大方的气质。

从发型来看，主播选择长直发型，比较适合自己的脸型和直播场景的需要。长直发型的线条清晰，给用户以端庄、流畅的感觉，能够有效凸显出主播的文雅形象。同时，主播对头发进行了蓬松处理，使得脸型更加柔和，与鹅蛋脸相配。

从妆容来看，主播化的是温柔大方的淡妆，与古筝类直播场景较为适配。大众对古筝的印象就隐性要求主播应该是端庄大方的形象，浓妆艳

图 4-13 "湉湉古筝"抖音直播界面

抹所表现出来的华丽较为高调，与古筝的稳重低调不适配。主播选取与自己肤色和肤质相适应的粉底，并使用大地色眼影和温柔系的腮红，符合了古筝的稳重。但是主播的眉间距略大，在一定程度上于无形中拉大了眼间距，眉峰过渡不够平缓。

总的来说，该主播的形象装饰既有值得学习的地方，也有可以继续改进的地方。第一，主播可以调整服装风格，改为更加典雅大方的旗袍、汉服等，增强服装韵味。第二，主播可以选择性调整发型。如果选择旗袍，可以调整为蓬松式的盘发；如果选择汉服，可以调整为适合自身的女士发髻。第三，主播可以调整眉形，缩小眉间距和眉形长度，让眉峰更加柔和。

（二）"小姣"的形象分析

在歌唱类直播中，"小姣"的直播间的关注数高达 76 万，互动数较多。歌唱类直播主播的形象可以结合自身的歌唱风格来定。"小姣"一般

唱较为温柔的歌曲，且嗓音较为甜美。

图 4-14　"小姣"的抖音直播界面

从服装看，主播身着宽松的白色 T 恤，如图 4-14 所示。该着装一般适合轻松、休闲的场合。如果从直播类型来考虑，该主播的着装是合适的。但是上衣的图案较为冷硬，在展现主播的温柔特质上欠佳。较为酷炫的上衣与温柔的歌曲、嗓音的适配性较低。主播可以选择连衣裙、薄外套等较显温柔、肤白的服装。

从饰品看，主播没有佩戴头饰，仅佩戴了一条项链。这既在一定程度上满足了直播需要，也塑造了主播温柔大方的气质。主播没有佩戴专业的耳麦，而是使用有线耳机，佩戴耳钉、耳环等饰品就可能在直播过程中拉扯到耳机，影响直播效果，甚至导致耳机脱落，被迫中断直播。此外，主播的项链隐藏在上衣中，没有被放置在上衣外侧，弱化了对主播气质的修饰作用。主播可以根据调整后的服装选择合适的项链，并将项链置于上衣外侧，增强饰品对主播温柔气质的强化作用。

从发型来看，主播头发略微蓬松，发型为微曲的 S 型长发，给用户以韵律感和节奏感，塑造了小姣主播温柔的形象。

从妆容来看，主播的妆容属于素雅的淡妆，较符合自身的直播特点。主播并没有化厚重的眼妆，妆容较为自然，容易给用户以亲近感，有助于拉近主播与用户的距离。此外，主播的眉毛是较为温柔的弯眉，较符合自身的气质。但是眉头较高，主播应将眉头画低些，并且缩小眉间距，以增强面部的立体感。

第四节　直播镜头与灯光设置

直播空间的视觉设计是对直播间背景的提前计划和安排，主播形象打造是通过主播的形象设计来凸显主播特色和配合直播主题。在直播空间的视觉设计和主播形象打造的综合作用下，直播间可以以最优的状态表现直播主题。但是现实中的直播间并不一定能很好地被展现给用户，因为直播用户始终是透过镜头来窥见主播所在的直播空间。这就涉及直播镜头和灯光设置是如何呈现直播空间的。

一、直播镜头设置

（一）镜头参数设置

在直播时，摄像镜头一般是以直播起始的镜头参数来完成整个直播过程的摄影，无须时时调整。由于直播的实时性，直播画面也无须在线剪辑。这就使得前期的镜头参数设置尤为重要。直播摄像镜头涉及三个基本参数，分别是光圈、快门和 ISO。通过合理设置，主播可以将直播空间的摄像成品调至合适的曝光度、亮度、清晰度等，以保证传输给直播用户的影像能够较好地呈现直播空间和主播形象，形成良好的视觉体验。

光圈是摄像设备中调整曝光度最有效的参数。光圈是由镜头内的一系列叶片组成的，用于调节光线进入的数量。由于光圈属于镜头的一个参数，所以不同的镜头的光圈参数可能不太一样。光圈的测量单位是 F。光圈数值越小，光圈就会越大。反之，光圈数值越大，光圈就会越小。当光圈达到 F/4 时，镜头的口径就达到了 1/4。假设镜头为 100 mm，那么 F/4 的参数下光圈直径为 25 mm，F/8 的口径就会更小。通过调节光圈参数，主播可以控制光线进入画面的数量，从而控制影像的曝光度。此外，通过调节光圈，主播还能控制摄像画面的对焦，也就是控制画面的景深。在看摄像画面时，即使空间设计环节和主播形象设计环节已经强化其他物品的背景作用和主播的视觉地位，用户可能还会关注到直播空间内主播以外的物品。这时,如果主播还想减弱直播空间内其他物品对用户的视线分散作用,就可以通过调节光圈来使背景虚化,即背景失焦。当镜头光圈直径较大时,景深变浅,焦点平面变得更窄,对焦目标的距离就会变窄,反之亦然。

快门速度是调节摄像曝光度和清晰度的重要方式。视频是由一帧帧静态的画面组成的,快门则让光线进入每一帧画面中,决定着每一帧画面曝光的时长。如果调慢快门的速度,使得更多的光线进入摄像机的传感器上,就会增加曝光,反之亦然。但是利用快门速度调整曝光率会影响到被摄物体的清晰程度。被拍摄的主播的肢体动作变化较大且速度较快时,可能会导致视频里的动作有轻微的模糊。考虑到直播是连续拍摄的,且主播是处于动态变化的过程中,主播可以调高快门速度,这样就可以抓拍到每一个动作,减少主播动态变化导致画面不清晰。需要注意的是,快门速度提高时,画面的曝光度会降低,整体的视频画面会变暗。这种快门速度调节方式适用于主播动作变化幅度大及速度快的直播,如户外舞蹈类娱乐直播、户外游戏类娱乐直播、动态物体或生物分享类的娱乐直播等,使得视频画面的各主体边缘整齐清晰。

ISO 是用来调节传感器对光线的敏感度的参数,也影响摄像画面的曝光度。当摄像设备的 ISO 数值提高时,传感器对光线的敏感度也随之降低,整体画面较明亮,甚至存在曝光过度的可能。当 ISO 数值降低时,传感器对光线的敏感度就升高,整体画面的曝光度也降低,甚至存在曝光不足的可能。

(二)镜头画面设置

镜头的参数设置为整体的画面呈现打下了较好的基础,使得整体的画面视觉效果较好,但是主播还需要考虑直播镜头的画面设置问题。在直播画面呈现中,镜头画面设置也影响着直播视频呈现效果,包括镜头的角度和镜头的选择两方面。

镜头的角度是影响直播视频呈现效果的重要因素之一,也就是镜头与主播的位置关系。在直播过程中,主播一般处于相对封闭的空间中,也就不需要实时调整镜头的位置。因此,主播应根据需要事先调整好镜头角度。如果在直播中主播无须在空间内走动，镜头应该设置在主播的视线前方，高度也应与主播的视线保持平齐，使得从用户的角度看，他们与主播保持平视的视角，无须仰视或俯视主播所在的空间。如果整体的画面效果呈现仰视状态，那么可能导致主播位置与整体的空间布局失衡，破坏整体画面的美感。如果整体的画面效果呈现俯视状态，虽然能够让主播的脸部在视觉上变小，但是会使用户产生居高临下的感觉。如果在直播中主播需要在空间内走动，镜头应该放置在直播空间的前方的中间，使得整体空间能够得到较为完整的呈现，镜头的高度则应与主播站立时的视线平齐，使主播始终平视画面。

镜头的选择是影响直播视频呈现效果的另一个重要因素。室内直播间的直播空间较为狭小，主播一般无须在直播间内走动。这时主播可以用标准镜头，尽可能拉长背景的宽度和长度，营造出开放式空间的视觉效果。户外直播间的画面背景的长度和宽度较大，主播可以选择广角镜头。这是因为广角镜头的镜头焦距较短，视角较宽，景深较深，能够拍摄较大场景的照片，适合户外类直播。

二、直播灯光设置

（一）侧光

利用侧光是直播灯光设置的重要内容。在网络直播中，主播及其团队可以通过调整侧光，使得画面内有明有暗，以明暗对比凸显主播特点，给人以立体感。如图4-15所示，不同的侧光所呈现的视觉效果不同。在斜上方实施"单侧光"打光，使得在黑色的背景色中球体表面形成明暗对比，有了球体的立体效果，视觉效果好。对球体的任一方向进行同一量级的补充侧光，使得球体表面受到等亮光的影响，球体内部失去了明暗对比，背景与球体仍存在明暗对比，但形成的是圆形的视觉效果，丧失了立体感。对球体的背景也实施补光，圆形与背景之间的亮度对比也随之变小，球体的存在感无限减弱，光的视觉效果仅剩明亮，被照明物体则消失了。因此，在直播灯光设计上，主播及其团队应该尽量避免等亮光的使用，通过设置不同角度的差异性侧光，就可以凸显主播脸部的明暗对比。比如，当需要凸显主播的脸部轮廓时，可以从主播的左端或右端进行补光，使得两颊有明暗对比，增强面部的立体感。需要注意的是，在直播空间对主播使用侧光时，应尽量减少从正上方打光，因为这往往使主播的脸上部亮、脸下部暗，无法较为完整清晰地展现主播的面部表情，影响视觉效果。

图 4-15　上侧光的光感（左）、球体等亮光的光感（中）和全局等亮光的光感（右）

（二）直射光和间接光

在直播中，光线还分为直射光和间接光两种。在直播空间中，太阳光、灯光等直接照射使得物体表面或主播有光照现象，这就是直射光形成的光照效果。光是可以被反射或折射的。在遇到直播空间内的不同物体时，直射光被反射或折射，使物体表面或主播身上本不该有光亮的位置有了光亮，这就是间接光所形成的光照效果。

一般来说，直射光的光照强度较高，会形成主播或物体的影子，光线效果较为刺眼、强烈；间接光的光照强度较弱，无法形成主播或物体的影子，形成的光线效果较为柔和。在网络直播中，一方面，主播及其团队可以控制直射光和间接光的比例，形成空间内的照明反差。如果直播的主题是相对放松、舒适的，主播团队可以增加间接光的比例，使得空间的灯光视觉效果较为柔和，主播的温柔大方的形象也会在灯光的作用下得到强化。另一方面，主播团队还应根据直播环境来选择直射光和间接光的比例。在较为狭小的室内直播间中，虽然可以多安装几个灯，但是灯光过多会造成整个直播空间较亮、光线的刺激性较强，使直播画面给用户带来刺激感，画面攻击性增强。因此，主播及其团队可以增强间接光的比例，使得整体的画面较为柔和。在较为宽敞的户外直播间中，直射光较为充足，视频画面较亮，缺少一些明暗对比，画面的柔和度不高，可以适当增加间接光的比例。

（三）主光

主光是在灯光布置中占主体地位的光，其作用就是模仿自然侧光，以确定整个画面的基调。如图 4-16 所示，在灯光设计一中，主光来自人物右前方的灯，人物左侧则是通过增加灯光来增强人物侧脸的明暗对比度，使主播的面部形象、主播地位更加突出，适合主播特质较为明显或以主播的姿态展现为内容重点的直播类型。在灯光设计二中，主光和侧光的灯源位于斜对角处，使主播与背景的对比度大大加强，增强主播的立体感。这种灯光设置适合需要展现主播的肢体语言的直播类型。在灯光设计三中，主光位于人物的右前方，而增加侧光的比例能够较好地呈现直播空间的细节，弱化主播与背景的分离感。这种灯光设置适合需要展现直播空间内其他物体的直播类型。因此，主光的设置应根据直播需要而定。

图 4-16　灯光设计一（左）、灯光设计二（中）和灯光设计三（右）

第五章
游戏类网络直播的视觉设计

教学目标：了解游戏类网络直播的主播、产品的审美特征；了解游戏直播界面的设计原则；掌握主要游戏直播平台的画面色彩、界面布局，以及设计图式与背后的设计原理；掌握游戏赛事主播与大众游戏主播的形象装饰；掌握游戏赛事与大众游戏的直播空间与灯光布置。

教学重难点：弄清游戏类网络直播的设计原则，以及代表性游戏直播平台设计图式的类型与设计原理。

与娱乐类、购物类网络直播等十分注重美感或突出主播个人的网络直播视觉设计不同，游戏类网络直播视觉设计注重突出游戏操作画面，主要以游戏主画面为主，其次为主播个人。根据直播类型，游戏类网络直播的视觉设计主要可分为专业赛事直播视觉设计和大众游戏直播视觉设计。网络直播主体的审美特征主要可分为主播与产品的审美特征。在规范性、主次性、易用性、差异性设计原则下，本章针对主要的游戏直播平台——斗鱼直播、虎牙直播、哔哩哔哩的界面设计图式，从画面色彩、界面布局方面进行分析，对专业赛事直播与大众游戏直播的主播形象装饰、直播镜头和灯光布置进行研究。

第一节 直播主体的审美特征

网络直播主体主要包含主播、产品、用户三类，但游戏类网络直播的主体审美特征主要包含主播与产品的审美特征两类。其中，游戏主播的审美特征主要涉及游戏解说、形象、个性差异化等方面的特征；产品审美特征则主要指游戏本身的色彩应用、界面布局等方面的特征。

一、主播的审美特征

审美特征是指网络直播主体在直播时最突出的代表性美学特征，即主体美在哪里，其审美特征是吸引用户观看的重要视觉要素。网络主播的主体主要包含主播、产品及用户三类。娱乐类、购物类等直播平台由于主播的审美特征与个人魅力直接关系着最终的直播效果，因此，其审美特征极为明显。而游戏类网络直播的主要内容是游戏，虽有游戏女主播等噱头，但主播的审美特征并不明显，主要可分为专业解说的理性美、匀称和谐的形象美，丰富多样的差异美。

（一）游戏解说的感性美

游戏主播直播的主要内容是为游戏赛事做解说或直接进行游戏操作来引导观众提升游戏技巧，因此，游戏主播须对某一款游戏具有较为深入的了解，同时具备一定的游戏水平。游戏主播通常可分为出镜主播与声音主播。出镜主播在游戏视频主界面穿插个人画面，对游戏操作进行直观展示，为观众营造极强的代入感。声音主播又分为专业主播与大众主播，他们仅展示游戏操作画面，同时配有专业或日常声音解说，主播个人不出镜或以卡通头像代替自己入镜，具体如图5-1所示。

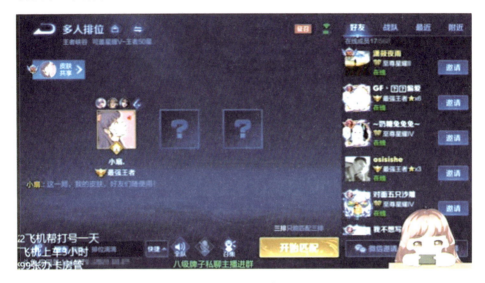

图5-1　斗鱼主播卡通头像

游戏解说的风格主要分为专业型、日常型。专业型游戏解说主播依托于丰富的游戏操作经验，对游戏赛事中对抗的常见策略进行专业解说。专业性解说带来丰富的感性体验分享，提供具有指导性的游戏策略，听觉与视觉的双重刺激会为观众带来丰富的感官体验。日常型游戏解说主播又称为娱乐型游戏主播，以大众主播为主，这类直播对主播的专业性解说及游戏策略掌握的水平要求不高。他们通过直播自身游戏过程与观众形成共鸣，形成朋友式的分享交流氛围，实现观众情感的代入，形成感性刺激。

（二）匀称和谐的形象美

游戏主播的形象性审美特征并不明显，特别是对于声音主播来说，形象性审美特征几近于无。但对于出镜游戏主播来说，形象性审美特征依旧是吸引观众的有力武器。游戏直播领域经过多年的自我规范与外在管理，色情、暴力等直播内容逐渐减少。现今的游戏主播特别是美女游戏主播的形象审美特征主要包含：一是主播在外在形象上具有青春洋溢、身材匀称、面容姣好的特点，具体见斗鱼游戏主播页面（图5-2）。二是除原有外在形象外，主播通过精致妆容、穿衣打扮等手段塑造自身的形象特征。

图 5-2　斗鱼主播游戏页面

（三）丰富多样的差异美

经过多年的发展，技术与资金的涌入在游戏直播内部形成了极为大众化、平民化的直播氛围。为争取有限的观众注意力，主播内部竞争压力增大的同时，也形成了百花齐放、各具特色的游戏主播队伍。例如，男女主播的直播风格具有极大差异，大部分男主播的出镜率较低，重在展示游戏操作内容，互动内容多围绕游戏展开。而大多女主播较为健谈，在游戏间隙的互动聊天内容既包含游戏内容，又包含其他日常娱乐内容。根据形象特征，女主播可分为青春热情、甜美可爱、温婉知性、美丽性感等不同的类型，且主播的直播语言风格通常与外在形象特征相一致。

二、产品的审美特征

游戏直播界面主要是以游戏操作界面为主要视觉要素，因此，游戏直播的产品审美特征在很大程度上取决于游戏本身的审美特征。在保障游戏主体界面清晰的基础上，平台方与主播再进行其他相关界面设计与最终游戏直播。游戏直播产品的审美特征主要可分为两类：色彩协调的界面美和易用和谐的布局美。

（一） 色彩协调的界面美

游戏直播界面主要包含三个方面的内容：游戏主界面、主播界面、互动功能界面。主播界面在许多游戏直播中并不存在或居于从属状态，具有较强的可选择性，互动界面可根据游戏界面与主播的需要进行设计。因此，游戏直播的整个色彩基调取决于游戏的主界面。

游戏直播领域最为热门的直播游戏主要是以《英雄联盟》为代表的大型端游和以《王者荣耀》为代表的手游。端游、手游的界面设计与色彩搭配都存在较为统一的界面特点，具体体现在字体、配图、角色设计等方面与游戏风格相统一。

以手游《王者荣耀》为例，在 2019 年推出的最新版本中，《王者荣耀》改变往日暗色调的整体风格，加入了传统国风与时尚简洁的元素，如图 5-3 所示。从色彩搭配上讲，《王者荣耀》仍以蓝色为主色调，以国风配色苍黄、湖水褐、沙绿、螺黛为主，补色数量较少，营造素雅柔和的古典氛围。因此，整个游戏操作界面呈现蓝绿、紫绿柔和色调。在元素设计

图 5-3 《王者荣耀》游戏界面局部

上,《王者荣耀》使用我国古典文化中的山水云纹图样与传统饰形,与角色设计和界面设计风格一致,实现了整体古典风格的统一。

(二)易用和谐的布局美

易用性原则是设计中须遵循的重要原则,它是指以用户为核心,从用户的感官体验与使用体验出发对整个产品进行设计。在游戏直播中,无论是游戏本身的交互与操作设计还是游戏直播页面的交互设计,都呈现出符合用户使用习惯、最大限度方便用户使用的布局美。具体体现在整个游戏直播的界面布局中,平台方将用户的交互操作区设置为传统经典的倒 L 型,将其分为互动区与平台活动区。考虑到用户的常用手多为右手,游戏直播的主要操作与互动栏位于左下方,相近功能元素如弹幕、屏幕尺寸设置、装扮等被统一设置在相近位置。另外,活动专区使平台方可根据直播间热度设置相应活动与互动游戏供主播选择性呈现,如图 5-4 所示。

图 5-4 虎牙游戏直播页面

游戏直播界面布局呈现出和谐易用的古典氛围。游戏区与互动区既各自独立又相互联系,功能元素所占位置较少,突出整体游戏界面与功能操作区,既风格协调统一又主次分明。操作按键与活动交互设计也具有较强的易用性。另外,在色彩的运用上,直播平台原有设计与游戏页面设计融合自然，呈现出古典幽雅的氛围。值得注意的是，在这一界面中，由主播进行呈现的任务榜占据位置较多，图标等色彩饱和度较高且透明度较低，造成游戏操作主界面部分内容被遮挡，在一定程度上会影响观看体验。

第二节 直播界面设计

游戏类直播界面设计在一定的设计原则的指引下，由平台提供基本功能设计，充分发挥游戏主播的主观能动性，其主要设计原则包括规范性、主次性、易用性及差异性。本节以斗鱼直播、虎牙直播、哔哩哔哩中的游戏界面设计图式作为主要案例进行分析。

一、游戏类直播界面设计原则

游戏类直播平台以直播内容为核心，在技术与资金的双重作用下获得快速发展，在强调功能、内容的重要性时，也重视引起用户注意的第一视觉要素，即界面设计。游戏类直播平台的界面设计在考虑到画面编排、颜色搭配、排版、构图的同时，还应考虑其自身的特殊性。相较于其他直播平台，游戏类直播界面设计较为简单，要素较少，主要包含广告宣传栏、互动栏、主播画面与游戏画面。因此，游戏直播平台在进行界面设计时，应遵循规范性、主次性、交互性与差异性设计原则。

（一）规范性

规范性是界面设计都应遵循的基本原则，也是为用户提供良好体验的重要指标。它包含两个方面的设计要求：一方面是指在进行界面设计时，设计者需要遵循基本的设计流程。具体体现在设计前应根据产品进行设计定位，预估设计要素、设计界面中可能存在的问题，以及明确为用户提供的解决方案，拟定可行的设计方案后正式进入页面设计环节。在正式设计过程中，设计者要兼顾用户的视觉感知与情感体验，对界面的画面编排、色彩搭配与功能要素进行设计。设计完成后平台方与设计方还须进行用户测试与修改，经各项技术测试与用户测试合格后将其正式投入使用。另一方面则是指页面设计须从用户需求出发，保证界面设计的友好性与使用的便利性。具体体现在界面须设计搜索、客服帮助、用户交互等基本功能，保证用户的使用体验。同时界面设计要符合用户的使用习惯，不宜过度复杂。

在游戏直播领域，界面设计的规范性原则具体体现在两个方面：一是游戏直播界面设计要设定搜索、互动弹幕、聊天、画面调节等基本功能。二是要根据不同的游戏主界面设定不同的广告栏与互动界面。为了引起用户的视觉注意，可以设计高饱和度色彩的文字，同时应调节宣传文字的字体透明度，避免广告遮蔽对战数据等重要信息。

（二）主次性

主次分明是直播界面设计的重要原则，位于主体地位的往往是最重要、最主要的直播内容，变现价值往往也最高。在娱乐类直播界面，这一原则体现在将身材、面容、穿着等主播特征置于主体地位，而将背景、直播工具置于次要地位，这是由于主播的个人魅力展现是价值变现的主要途径；在购物类直播界面，主次性设计原则主要表现在将直播商品及主播亲身体验反应置于主体地位。主次分明的设计原则是突出产品内容特征的必然要求，也是满足用户需求、增强用户消费动机的重要途径。

游戏直播领域的界面设计中，主次分明的设计原则主要体现在两个方面：第一，游戏直播的主要内容在于游戏主播展示游戏操作技巧或解说游戏赛事，最终达到游戏教学与提高用户赛事观看质量的效果。因此，在游戏直播的界面设计中，要突出主要直播内容与亮点，将游戏界面置于主体地位，将主播画面置于次要地位，同时要考虑到广告栏、互动栏与整个游戏界面的协调性。第二，为突出主播的游戏操作，同时为用户提供更好的观看体验，界面设计还可以将主播画面、广告栏等去除，着重突出游戏界面，将主播声音嵌入游戏画面中，实现游戏操作与游戏解说的结合，如图5-5所示。

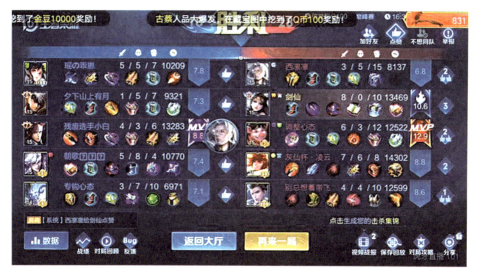

图 5-5　虎牙直播游戏画面与主播声音结合界面

（三）易用性

界面设计的易用性原则是立足于用户使用的方便快捷性及舒适性所提出的。易用性是界面设计的首要规范，主要是指具有相同或相近功能的按钮应相互联系，功能相近的元素应位于相近位置以减少鼠标移动的距离。界面设计应支持 Enter、Shift、Ctrl+V 等默认快捷键的操作；对于界面较小的空间应避免使用选项框而应用下拉框。这些易用性设计原则通用于各大直播平台的网页端界面设计。而在移动端，易用性原则在原有基础上增添了新的内容：兼容性与易操作性。

在游戏直播领域，易用性设计原则主要体现在游戏直播平台应在满足主播的直播需求的前提下，降低技术操作门槛，将屏幕直播、语音连麦互动等基本功能的操作简单化，方便主播使用。另外，观众观看游戏直播的主要界面也应遵循易用性的设计原则，将功能相近的互动元素按钮设置在较近的位置。移动端还应注重用户个人界面及交友、检索等功能界面的设计，方便用户使用，同时在色彩、画面、字体等方面提供更加个性化的观看体验。

（四）差异性

差异性设计原则同样是以直播内容作为主要依据进行界面设计的重要

原则。一方面，在大众化直播领域，差异性设计原则是指在直播平台提供基础界面设计的基础上，主播可根据自身直播内容与偏好设计不同的界面元素，以产生区别于其他直播间的个性化、代表化效果。而在另一方面，当内容更为丰富、技术与资金更为充足的专业化大型直播出现时，除基本的界面功能设计外，平台方与设计方还应针对直播内容进行区别于大众化直播的差异化设计，起到全方位展示直播内容的效果。

  在游戏直播领域，差异性设计原则尤为重要。游戏直播主要分为专业游戏赛事直播与大众直播。技术与资金门槛的高低决定着二者虽然具有将游戏直播作为主要内容的共性，但在直播方式、界面设计等方面具有较大的差异。例如，游戏赛事直播的主体包含声音解说、主持人、队伍参赛队员等，同时还有每位队员的游戏界面与主界面。因此，一场游戏赛事直播界面会包含主持人、每位队员的特写、每位队员的游戏界面、游戏主界面甚至是双方对抗队员的画面展示等，在需要更高的技术支持的同时，界面设计已包含众多要素，不宜再安插较大的广告宣传位，同时应将除弹幕外的聊天互动框移出界面，保证用户的观看体验。如图5-6所示，虎牙等游戏直播平台在对2021年LPL游戏赛事直播中采用与游戏画面色调相近的底部矩形框对对战数据或宣传栏进行集中展示，增强其整体协调性。

图 5-6   虎牙 LPL 游戏赛事直播界面

二、游戏类直播界面设计图式分析

专业类游戏直播平台与大众类直播平台，在经营业务、盈利模式、界面设计及内容定位方面都具有较大差异，专业类游戏直播平台以斗鱼直播、虎牙直播、企鹅电竞为代表，大众类游戏直播平台以哔哩哔哩、快手等视频网站为代表。这些代表性游戏直播平台不仅在内容资源、互动模式、技术资金等方面具有较大的竞争优势，在界面设计等方面也极具特色。此处以斗鱼、虎牙、哔哩哔哩的直播界面设计图式为例进行针对性分析。

（一）斗鱼直播界面设计图式分析

斗鱼直播在云游戏、云视频等方面不断创新业务模式，积极运用 AI 新技术提升观看精准度，提升用户观看体验，不断缩小与虎牙直播之间的差距，甚至在某些指标上超越了虎牙直播，形成全方位经营策略，呈现出良好的发展态势。在界面设计上，斗鱼的电脑网页端与移动端界面整体较为简约明亮，依据不同的直播内容分类进行共性与个性相融合的设计，具有排他性的特色优势。

1. 画面色彩

科学研究表明，进入眼球的各种颜色的光照，通过下丘脑和脑垂体，可以间接地影响神经中枢。[①] 由此可见，我们会对不同的色彩产生不同的反应，色彩在一定程度上会影响我们的决定或行为。以斗鱼直播、虎牙直播等为代表的游戏直播平台在画面色彩上呈现出各具特色的界面设计风格，吸引着感兴趣的观众。在斗鱼 App 的整体平台界面设计中，其 LOGO、闪屏页、首页色调、分页色调及其他视觉要素皆以橘色为主色调，具体如图 5-7、图 5-8、图 5-9 所示。橘色反映了自然而富有活力的冲击与热忱，它主要代表着健康、活力、创造力与对生活的积极态度，这种颜色同时也能带给他人活力、欢快的情绪体验。交流、移动及快乐也是这一颜

[①] 孙孝华，多萝西·孙. 色彩心理学 [M]. 白路，译. 上海：上海三联书店，2017.

色的最佳代名词。① 正是基于对橘色这一色彩意义的了解，将自身定位为充满活力与活泼氛围的全民直播平台斗鱼选择了橘色作为主色调。

图 5-7　斗鱼 LOGO 与闪屏页　　图 5-8　斗鱼直播首页　　图 5-9　斗鱼直播用户中心

斗鱼直播在整体界面的布局中将橘色作为主色调，力求营造出明亮有活力的界面氛围，但在用户观看的分界面中则存在着根据主播个人风格、游戏界面等不同参照对象产生的色调不一的界面色彩。在界面设计中，设计者往往会用各种颜色来表现不同画面形式的效果，但总体上会保持一种色彩倾向，即主色调。我们通常所说的色调主要可分为冷色调与暖色调。冷色调是指给人以凉爽感觉的青色、蓝色、紫色，以及由它们构成的色调。暖色调是指使人心理上产生温暖感觉的红色、橙色、黄色、棕色，以及由它们构成的色调。具体见图 5-10。

在斗鱼游戏直播界面中，主播使用最为频繁的色调是偏清冷的冷色调，这是由于占据画面主体地位的游戏如《英雄联盟》《王者荣

图 5-10　冷暖色调对比

---

① 孙孝华，多萝西·孙. 色彩心理学[M]. 白路，译. 上海：上海三联书店，2017.

耀》都是以蓝、绿等清冷色调为主。为了与游戏主页面形成较为和谐的画面色彩，主播在进行界面设计时也倾向于使用与游戏界面相近的色调，但也有众多女主播采用的是极具自身少女特色的暖色调。图 5-11 中，女主播在界面设计与背景设置中都以较低明度的淡紫色与淡蓝色为主色调，与以蓝、紫、绿为主要色调的《王者荣耀》古典用色相匹配。同时主播身穿有较高对比度的黑白系露肩裙，以淡色系色彩作为背景衬托主播的知性优雅气质，因此，主播成为游戏界面外最吸睛的存在。

图 5-11　斗鱼直播冷色调直播界面设计

图 5-12 中，主播在自身界面设计中采用粉色作为主色调，以淡粉色格纹作为整个界面背景底色。同时，主播的粉色座椅与整个底色相匹配，淡色背景较为明显地衬托出饱和度、色彩明度较高的游戏主界面，呈现出较为协调统一的画面氛围，明度较低的粉红色与蓝绿色的搭配会在一定程度上影响整个界面色彩的审美效果，但对比强烈的色彩搭配在吸引观众注意力方面能起到较好的作用。

图 5-12　斗鱼直播暖色调直播界面设计

　　界面上的色彩画面效果主要由游戏主界面与主播构建的背景底色构成，除此之外，主播自身所设计的宣传推广标语等方面的色彩也影响着整个界面的视觉呈现效果。其中，字体的颜色、位置、透明度等是影响整个画面色彩的重要视觉要素。五颜六色、位置较为随意的字体效果不仅不能使整个界面统一协调，还会分散观众的注意力，无法实现理想的宣传推广效果。在图 5-13 中，主播对字体设定了白色、蓝色、黄色、红色四种颜色，颜色过多，明度过高的天蓝色会对人体产生视觉刺激，能吸引观众的注意力，但会导致观众无法看清文字，整个画面较为杂乱。主播对不同颜色的字体增加了其他颜色的描边效果，红色饱和度较高，具有极强的提示性，在红色字体下加入白边会进一步突出字体信息，吸引观众的注意力。主播对字体的大小、长短、格式都未做统一设计，因此，整个界面重点不突出，饱和度过高的字体与游戏主界面糅合在一起，容易分散观众的注意力。

图 5-13　五颜六色的斗鱼直播界面字体设计效果

2. 界面布局

从斗鱼直播的总界面的设置类型来看，斗鱼直播采用动画与标志相结合的品牌宣传式闪屏页，设计简约，直接凸显了品牌自身特色。在游戏直播主页的产品模块设计中，斗鱼直播采用图标、字体等视觉要素相结合的综合型设计。为保证页面板块的整体性、有效信息传达的准确性，斗鱼直播采用明度极低、颜色较淡的淡灰色背景色与分割线进行区分，将整个界面有效分成了导航区、活动区、游戏类别区与英雄类别区，具有较强的易读性，如图 5-14 所示。在按直播热度排序的首页显示界面中，斗鱼直播将各类直播入口与屏幕内容设置为较简约易读的两行列表型排列，如图 5-15 所示。上图下文的解说型内容使整个页面更为饱满。相较于棱角较为锋利的其他图形，圆角矩形则给人以视觉上的安全感，同时节省设计空间。

图 5-14　斗鱼游戏直播综合型首页　　图 5-15　斗鱼首页的两行列表型排列设计

　　易用性原则要求界面设计不应只寻求视觉上的美感，还要以用户为核心，根据用户的使用习惯进行界面布局与功能设计。除游戏直播的主页设计以外，用户的交互设计界面也是游戏直播分页面的重要设计视觉要素。由于受众的常用手为右手，因此移动 App 的常用操作区多分布于页面右边。如图 5-16 所示，其中用户的主要互动区与操作功能内容位于右下角与右上角，各类功能按键之间距离较近，可缩短用户手指的操作距离。另外，设置于页面右边的悬浮广告宣传栏有广告宣传效果。同时为了使页面更为清爽简便、方便用户观看直播界面，平台方设置了关闭选项，易用性较强。但系统自带的后台播放功能使用户在退出直播界面或黑屏的情况下依旧可以接收画面与声音，多次操作才能关闭的小窗口影响用户体验。

第五章
游戏类网络直播的视觉设计

图 5-16　斗鱼赛事直播的用户交互设计

游戏直播的界面是在平台方提供基础显示功能的前提下由主播自行设计的，在画面色彩、界面布局等方面具有极强的多元化特征。斗鱼直播使用范围较为广泛的界面布局有 5 种。使用最为广泛的是单个游戏主界面的呈现或"游戏主界面+主播画面"的结合呈现，如图 5-17 所示。

图 5-17　斗鱼直播简洁性界面布局

这类界面布局主要由游戏主界面单一元素或"主播+游戏+简单公告/广告元素"构成。单一元素的游戏直播界面设计十分简单，观众的视野跟随虚拟主播聚焦在某一点上，此时界面设计与直播的主要对象为游戏，但这类毫无公告或广告宣传的直播间通常为已具有一定知名度的主播所采用。由"主播+游戏+简单公告/广告元素"构成的界面设计是现今游戏主播所采用的主要布局方式。其中，游戏视频主画面占据画面的最大面积，且位于中心点,仍然是观众观看的主要视觉支撑点。但此时位于左下角或右下角的主播画面位于游戏画面前,在视觉层次上会吸引观众的一部分注意力,但不会抢游戏主画面的风头,因此,主播画面成为观众关注的第二中心点。最后,位于画面顶部的公告栏或宣传栏在视觉上能起到提示作用,饱和度较低、色调较为柔和的字体颜色会使公告栏成为观众的第三关注点。但字号较大、位置较为偏远(脱离中心线)的字体会在一定程度上分散原本属于游戏视频主画面的观众注意力,刺激性强的红色还会影响观众视觉健康,同时造成阅读困难。

斗鱼游戏直播较具代表性的设计图式还有"上中下"三级式界面设计、倒L型界面设计与封闭型界面设计。"上中下"三级式界面设计是指将游戏视频主界面放于画面中部且保证画面大于或等于整个界面的2/3,成为吸引用户注意力的主要视觉要素。其在界面上下设计相同的矩形广告宣传栏目,双重广告栏的设计未占据观众的视觉中心,但成为仅次于游戏视频画面的第二视觉中心点。最后,主播安插尺寸较小的主播画面于左下角、右下角、左上角或右下角,成为次要的视觉设计要素,如图 5-18 所示。游戏操作画面是主要直播内容,而广告宣传则是界面设计的第二重点,选择这类游戏画面的主播通常处于增加知名度、加强宣传推广力度的重要时期。因此,这类界面设计是众多主播所采用的设计图式。

图 5-18　斗鱼直播"上中下"三级式界面布局

与"上中下"三级式界面布局相似的是倒 L 型界面设计,这类设计图式又可称为直角型设计,是依附于整个界面四个直角任一直角所延伸出的两条线所进行的界面设计图式,如图 5-19 所示。这类设计图式可以是主播、广告、游戏界面三个视觉要素的结合,也可以是广告与游戏界面两个视觉要素的结合。前者是女主播常用的界面设计图式,后者是男主播常用的界面设计图式。在图 5-19 中,游戏画面虽然仍是整个页面最突出、占据面积最大的视觉要素,但女主播的画面已占据大于 1/3 的界面面积,加之主播画面位于整个界面的左边,是观众观看的起始点,因此,主播画面成为与游戏操作画面不相上下的视觉要素。另外,图中女主播画面背景采用吸睛的暖色调,而游戏画面为较低明度的暗色调,这一设计虽能最大限度地展现主播个人的形象优势,但容易形成两个主要的视觉点,产生主次不分的观看体验。因此,在采用这类设计图式时,要分清主次,保证主播画面不大于整个画面的 1/3,以及游戏画面与主播画面色调较为统一。

图 5-19 斗鱼直播倒 L 型界面布局

斗鱼游戏直播的另一常见界面设计图式是较具代表性的封闭型设计。这类设计将游戏画面做"抠图"处理,将整个游戏画面镶嵌进主播所设计的界面中,为观众营造出"屏中屏"的视觉效果,如图 5-20 所示。在这类界面设计图式中,虽然游戏画面仍位于观众的视觉中心点,但整个游戏画面被"框"进主播所设计的矩形框中,游戏四周所剩余的三条边框用于设计广告栏与主播画面。在这类设计图式中,主播可以在保证游戏画面主体地位的同时,最大限度地展示个人的形象魅力。但游戏画面下的背景底色的饱和度不宜过高。选择饱和度较高的色彩作为主色调容易造成视觉疲劳。为缓解用户的视觉疲劳,大多数游戏采用的主色调是饱和度及明度较低的色彩,若在广告栏与主播画面栏采用明度和饱和度较高的色彩会削弱游戏画面的主体性,运用过多色彩也会导致主次不明、画面色彩与布局混乱。

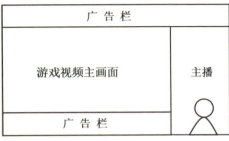

图 5-20　斗鱼直播封闭型界面布局

（二）虎牙直播界面设计图式分析

虎牙直播已成为游戏直播平台领域的领头羊，在资本与技术的支持下不断提高平台服务水平，在界面设计中也加入了诸多巧思，此处从画面色彩与界面布局两方面进行分析。

1. 画面色彩

虎牙直播的整个界面同样呈现出简洁清新的扁平化风格，主页面与分页面在画面色彩上以黄色为主色调。平台标志、工具栏元素设计、用户背景等皆以黄色为主调。黄色是与阳光最为相似的颜色，可以营造一种明朗、振奋、快乐的氛围，代表着不断地成长并散发着光芒。[①] 与斗鱼直播类似，虎牙直播同样采用了品牌推广式的闪屏页设计，以白色为底色，展示形象化的老虎标志、平台定位及标语，界面更为简洁且重点突出，如图5-21、图 5-22 所示。

在虎牙直播的游戏直播界面设计中，黄色这一平台主色调也作为工具常用色，在活动图形设计、时长轴等元素中作为强调色出现，如图 5-23 所示。为保证页面的简洁性，虎牙直播以变化字体大小及底纹设置作为导航条与工具属性的跳转区分。但没有色彩变化、形状变化而仅有单一字体变化的设计在一定程度上会减弱用户的视觉新鲜感与视觉美感，使界面元素仅有工具属性而丧失审美属性。

---

① 孙孝华，多萝西·孙. 色彩心理学[M]. 白路，译. 上海：上海三联书店，2017.

第五章 游戏类网络直播的视觉设计 185

图 5-21　虎牙直播的闪屏页　　　　图 5-22　虎牙直播的主界面

图 5-23　虎牙游戏直播功能画面

除了以黄色为主色调的主页面设计与分页面功能交互设计外，虎牙的游戏直播分界面的画面色彩设计仍以主播个人的喜好为主。因此，整个游戏直播分界面的画面色彩由游戏主界面、主播画面及广告宣传栏决定。

现今，众多主播采用声音解说或"小屏主播画面操作+游戏解说"的方式突出整个游戏界面的主体地位，整个游戏直播分界面的色调由游戏界面决定。例如，《王者荣耀》《英雄联盟》的游戏直播界面的主色调以游戏本身的蓝色、绿色为主，《绝地求生》《和平精英》的游戏直播界面以游戏本身的棕色、灰色、黄色为主。此外，许多主播在设计宣传界面或游戏直播背景时，依据游戏界面的色调与色系进行设计，此时的游戏直播界面的主色调也是游戏本身的主色调，甚至也对游戏主色调之外的其他色调进行模仿，此时整个画面色彩协调统一。如图 5-24 所示，游戏直播背景界面采用了《和平精英》游戏使用的灰色与黄色。

图 5-24　游戏界面与背景色相统一

除根据游戏界面确定整个游戏直播画面的色彩外，虎牙直播的其他游戏主播仍从自身风格或宣传推广的角度出发进行游戏直播界面的设计，采用与游戏画面具有较大对比度的色彩或使用多种色彩进行画面设计。如图 5-25 所示，主播在以明度较低的棕色、绿色为主色调的同时，使用明度极高的蓝色作背景，除蓝色字体外，还使用黄色、白色、红色字体，以及通过变换字体大小来突出信息的不同重要层次。高明度的冷暖色相——蓝色、红色的搭配会在很大程度上抢夺原本处于中心地位但明度较低的游戏界面的观众视线，整个界面呈现出两个视觉吸引力相近的画面，观众进入直播间则会看见宣传栏，起到直接传达信息的作用。但在界面设计中，配色具有"色不过三"的设计原则，在同一界面中不应有超过三种色相的搭配，在单个色相中可以通过改变明度或饱和度来丰富色彩。[①] 在保证信息元素正确传达的前提下，设计者要尽可能地减少颜色的使用，单个色相的变化便可满足大多数的设计需求。主播将直播间观众付费情况设计进整个游戏界面会给这些观众以极大的心理满足，进一步促进观众付费，但过大的面积会过多地占用游戏界面，影响观众观看。

图 5-25　游戏直播色彩糅合界面

2. 界面布局

虎牙直播的界面布局同样采用简约风格，其图形元素、工具栏、导航栏等界面元素的设计都较为简洁轻便。虎牙直播主页面的界面设计同样采用极为经典的综合型首页，将宣传栏、工具栏、不同板块及图形标识元素结合在一起。为保持整体性，整个界面以白色作为背景色，且未设置分割

---

① 王铎. 新印象：结构 UI 界面设计[M]. 北京：人民邮电出版社，2019.

线，如图 5-26 所示。

采用综合型模块设计方式要注重分割线与背景颜色的设计以做不同板块的区分，可以通过加外框、淡化背景色与分割线的方式强化整个界面的整体性。以抛弃分割线、背景色来保持界面整体性的行为会使整个界面缺少变化，产生内容空洞、没有亮点与重点的视觉效果。此外，虎牙直播主页面在界面布局上采用了较为经典的双行排列经典型布局方式，上图下文的排列方式使整个页面更丰富。但双行排列中锋利死板的矩形框设计会产生视觉上的不安全感。

虎牙直播的功能界面遵循简约清新的设计风格，元素较少，其游戏直播观看界面的用户交互设计元素构成更为丰富多元，主要包含活动区、互动区、工具栏，如图 5-27 所示。

图 5-26　虎牙综合型双行排列主界面

图 5-27　虎牙游戏直播功能界面

活动区位于页面右侧，用于设置直播活动宝箱、互动游戏与其他菜单栏目，用户可根据需要滚动查看，但活动区未设置关闭选项，具有较强的引导点击意图。互动区主要包含用户弹幕编辑、发送、设置、赠送礼物等用户互动工具与操作栏，工具栏位于用户最常用的界面的右下方，方便用户操作。虎牙直播的平台定位是一家由技术驱动娱乐的弹幕互动娱乐直播平台，在弹幕的设计上具有排他性特色。首先，虎牙弹幕主要有精简弹幕模式、无弹幕模式两类，用户可以选择不屏蔽，分别屏蔽上半部分、下半部分，或屏蔽整个画面的互动弹幕。此外，根据与主播的亲密度和贡献值的大小，用户可以发送与主播本人相关的快捷弹幕内容，增强互动属性。如图5-28所示，虎牙游戏主播"LING-北慕"的游戏开局时，用户纷纷打出信息、颜色、形状一致的"北慕北慕""恭喜予你31级"等高级弹幕。工具栏位于界面上方，主要包含界面设置、分享、收藏、订阅等更深层次的互动分享功能。

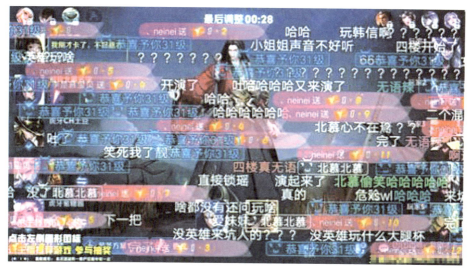

图5-28 虎牙游戏主播弹幕界面

特殊的游戏直播种类——赛事直播界面一般由官方平台设计，斗鱼、虎牙、哔哩哔哩等游戏直播平台在赛事直播界面的设计上具有相同的布局特点，即采用游戏主界面与对战数据信息栏的界面布局方式。如图5-29

所示，对战数据、对战双方队员画面、游戏地图视野缩略图被置于接近页面 1/3 大小的横向矩形框内，其余部分为游戏主界面。整个界面布局简洁明了、重点突出。

图 5-29　虎牙 2021 年 LPL 春季赛事界面设计

　　虎牙游戏直播交互功能外的观看界面布局则由主播根据个人喜好进行设计。虎牙与斗鱼在直播界面的设计图样方面大同小异。最常用的界面设计图样仍为简洁型布局。对比于斗鱼直播，虎牙直播的女主播较少，大多数男主播采用的是以游戏界面为主、辅以主播画面与简略推广语的简洁型布局与"上中下"三级式设计图式，因此，虎牙直播的简洁型界面设计特征更为明显。其次为倒 L 型布局与全封闭型布局。但不同视觉元素在大小、位置上又有不同之处。图 5-30 中的界面设计为不完全型"上中下"三级式界面布局，位于界面上方与下方的宣传推广栏信息较少，在视觉上的存在感较弱。主播将个人画面进行了背景"抠图"处理，减少了主播画面的面积，使游戏画面与主播画面在视觉上进一步融合。

　　与斗鱼女主播经常使用封闭型界面设计不同的是，虎牙女主播最常用的是倒 L 型设计图式，其次为封闭型设计图式。在倒 L 型设计图式中，主播画面位于界面最左侧或最右侧。如图 5-31 所示，由于主播画面与界面背景处于前后位置，主播画面、游戏界面与界面粉色背景共同构成了三个视觉层次，主播画面较大，以白色、粉色为主色调，且位于最前方，成为用户视觉感知上的第一画面，占据了游戏界面的主体地位。因此，游戏直播的界面设计要控制界面呈现的视觉层次，将其稳定在一个或两个视觉层次中，避免造成用户的视觉疲惫感。

图 5-30　虎牙简略型"上中下"三级式界面设计

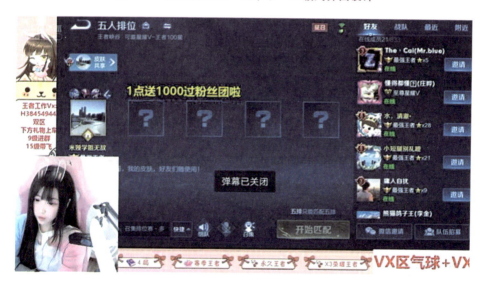

图 5-31　虎牙游戏直播倒 L 型界面设计

（三）哔哩哔哩直播界面设计图式分析

　　哔哩哔哩在众多游戏直播平台中脱颖而出，拿到了电竞赛事中的重头项目——2020—2022 连续三年英雄联盟全球总决赛独家直播版权。同时，作为国内最大的 ACG 文化社区，哔哩哔哩在游戏直播区的界面设计方面也充分体现了其动漫化、少女化的平台特色。

1. 画面色彩

在界面设计中，色彩主要分为主色、辅助色及点睛色。哔哩哔哩遵循色彩运用中的"色不过三"原则，将其主色设定为粉色，将辅助色设定为蓝色，点睛色包含黄色等。这些颜色被广泛运用于平台标志设计、闪屏页、平台形象化设计与其他主界面和分界面的视觉元素中，如图5-32所示。主色粉色象征着可爱、童真，通常用于与少女有关的产品中。[①] 与红色相比，粉色的侵略性与视觉刺激性更弱。哔哩哔哩用户多为二次元文化资深爱好者，追捧以可爱、少女、热血为主要特征的ACG文化，其中动漫爱好者占据绝大多数，具有极强的年轻化特征。因此，平台采用极具代表性的日漫常用互补色——淡蓝色与粉红色作为平台的主要色彩，并将主色粉色运用在导航和关键信息中，根据同界面主色运用的面积而变化。以直播分界面为例，在游戏分类模块中，平台将文字图形化的形式设置为辅助色蓝色与点睛色黄色，从而与分界面相适应。同时较为重要的信息如"我要直播"及导航条指示信息又采用粉色加以强调。

图 5-32　哔哩哔哩主界面与分界面的色彩运用

---

① 王铎. 新印象：结构UI界面设计[M]. 北京：人民邮电出版社，2019.

哔哩哔哩游戏直播横屏观看界面与竖屏观看界面的色彩运用也具有一定的规律。如图 5-33 与图 5-34 所示，游戏直播的横屏观看界面中，直播系统提示字体及用户观看直播时常用的礼物与关注按钮被标记为粉色，显示其重要性。同时，平台将聊天信息的字体设定为白色，在所有文字底部设置深色圆角矩形框，可避免用户产生视觉疲劳，便于阅读。在横屏界面中，"礼物""关注""排行"等重要的信息图形要素也以粉色为底色。系统发出的礼物信息与欢迎"舰长"或成员进入直播间都分别使用了主色粉色与辅助色蓝色。

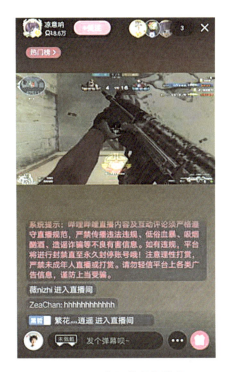

图 5-33　哔哩哔哩主游戏直播竖屏功能界面

图 5-34　哔哩哔哩主游戏直播横屏功能界面

与虎牙直播、斗鱼直播所采用的游戏直播界面布局策略相同，哔哩哔哩将游戏直播固定界面的设计权交给主播，主播可根据自身风格设计界面布局与色彩。总体而言，以游戏主界面单一元素为直播界面的主播较多，其他主播在设计直播固定界面色彩时也充分反映了哔哩哔哩的动漫化、年轻化特色，通常选用暖色调与明度较高的色彩，以及配有反映主播个人特色的动漫头像。如图 5-35 所示，在主播设定的固定直播界面中，界面背景色以主播动漫角色的肤色黄色为主，同时以棕色为辅助色。在字体方面采用了白色、明黄色、黑色三种颜色，字体下设置了浅绿色发光效果，起到强调信息的作用。主播在左上方将自身信息进行加粗加大处理，使观众进入直播间即可看见整个页面，同样起到强调信息的作用。但在多个位置使用明度较高、字体较大的文字，可能会削弱原有的强调效果。

图 5-35　哔哩哔哩游戏直播固定界面设计

2. 界面布局

斗鱼直播、虎牙直播、哔哩哔哩等游戏直播平台或游戏直播板块在整体界面布局方面都具有较强的相似性。一方面，三者都采用了综合性的首页布局，淡化背景色及分割线的设计界面简洁易懂；另一方面，在直播推介的界面展示上，三者都采用了"图像+文字"的双行排列方式，且用圆角矩形或矩形对画面进行了框定，信息明了，重点突出。但在具体的视觉元素设计中，三者又有细小的区分以彰显平台特色。例如，根据直播间热度，展示在直播首页的各类直播间设计方面，斗鱼直播与虎牙直播都以直播间的游戏直播界面截图作为展示图，这一图形会随着直播间的界面变化而变化，而哔哩哔哩的直播间展示页面由主播个人设计。如图 5-36 所示，主播根据个人特色以真实图片或形象动漫化的图片作为主播形象展示，并据此设计同样风格的字体效果。为形成主播个人的形象化标识，除游戏主题改变外，这一直播展示界面通常是长时间不变的，因此，主播展示界面在整体上的设计感更强。

图 5-36 哔哩哔哩游戏直播首页界面布局

另外，哔哩哔哩在直播界面的功能设计与用户交互设计上更为简洁，如图 5-37 所示。与斗鱼直播、虎牙直播相比，哔哩哔哩的游戏直播功能设计较为简单，仅将其分为互动区与分享区，在功能设计较为完整的情况下未设置色彩复杂、局部元素丰富的活动区，功能与交互界面极其简洁。同时，功能栏目分布于上、下、左三个位置。根据"先左后右、先上后下"的阅读顺序，哔哩哔哩将所有栏目都置于观众的视线范围内，体现了界面设计的易用性原则。

图 5-37　哔哩哔哩游戏直播首页界面布局

　　哔哩哔哩在游戏直播的固定界面设计中同样鼓励主播根据个人风格进行设计，与斗鱼、虎牙等游戏直播平台的设计图式大致相同。除此之外，哔哩哔哩主播还开创了具有排他性特色的两面型界面设计图式。如图 5-38 所示，整个直播界面包含"主播画面+文字介绍"及游戏主界面两个视觉层次。界面设计在视觉上划分层次的依据主要有 5 种，即占有面积的大小、相对的冷暖颜色、透明度区分操作性、阅读视线与顺序，以及中心与四周位置的安排。在两面型界面设计图式中，主播画面或文字宣传画面的宽度小于整个界面的 1/3，位于界面左边或右边。游戏主界面位于中心位置，同时占据界面的最大面积，在视觉层次上占据主要位置。两个元素呈矩形竖向排列形式。这一界面设计图式层次较少，界面简洁易读，但须对主播画面或宣传推广栏目的色彩与信息进行精心设计，避免使用视觉刺激性强、明度较高的色彩突出界面重点，同时通过字体大小、颜色等突出主播画面与宣发栏的重要信息。

图 5-38　哔哩哔哩两面型界面设计图式

哔哩哔哩同样使用了"上中下"三级式界面设计图式、倒 L 型设计图式与全封闭型设计图式，但其风格更为简约，且在相同图式设计中呈现出自身独有的动漫特色。这一特点集中体现在主播形象的动漫化上。如图 5-39 所示，在哔哩哔哩游戏直播中，众多主播选择设计与个人形象相符的或对自身喜爱的动漫角色进行抠图处理后，将其作为个人形象以静态或动态的形式置于游戏直播界面的下方。经过抠图处理后的动漫人物在游戏主界面中呈现"破界化"的状态，这一处理使界面更加富有生命力与层次感，动漫人物作为第一焦点被呈现在观众面前，营造出面对面的界面氛围。而在此类动漫形象中，粉色与蓝色动漫人物居多，这也与平台的主色调相一致。

图 5-39　哔哩哔哩主播形象动漫化

除此之外，在与其他游戏直播平台采用相同界面设计图式时，哔哩哔哩游戏直播的固定界面也具有自身特点。如图 5-40 所示，全封闭型设计图式可提供较大的页面空间供主播安排个人画面与宣发栏目，因此，经常为女主播所用。而在哔哩哔哩游戏直播中，这一设计图式的使用者还包含了更多的男主播。同时在界面布局上，哔哩哔哩游戏主播采用的全封闭型设计图式将游戏主界面置于画面中心位置，界面左边还留有较大空间。在画面色彩上，游戏主播喜好采用动漫化的、可爱的特殊字体与字体效果来增强页面的饱满性，但这类设计图式由于包含信息过多，容易造成主次不分、重点不突出、界面杂乱等。

图5-40　哔哩哔哩全封闭界面设计图样

第三节　主体形象装饰

游戏赛事直播与大众化游戏直播的主体有所差异，在形象装饰、直播方式等方面也有所不同。游戏赛事直播涉及的主体主要有对战队伍成员、解说主持人、采访主持人，大众类游戏直播涉及的主体大多为主播个人。下面以游戏赛事直播为例，探讨分析不同游戏直播主体的形象装饰。

一、游戏赛事主体的形象装饰

现今，电子竞技行业的大众认知度与普及度逐渐增高，资本与技术的涌入使端游与手游相互补充、相互结合，游戏已成为青少年群体的重要娱乐方式。观看游戏赛事直播，获取第一手资讯也是众多游戏爱好者、电竞爱好者的"必备项目"。游戏赛事直播的主体主要有对战队伍成员、解说主持人、采访主持人，其形象装饰具有统一化、规范化的特点。

游戏赛事双方对战队伍成员在形象装饰上具有统一、规范的特点，统一穿戴所在战队的队服及鞋帽。队服是展现战队精神风貌、体现战队特色、提升战队颜值的外在形象体现，在一定程度上还可作为队伍的精神符号。例如，以红白色调为主的"WE"战队在赛场上始终代表着青春热情与奋斗拼搏。"OMG"战队队服以黑色为主色调，也符合其"黑暗势力"的战队特色。队服通常由战队根据队徽主色调进行特殊定制，在整体设计上将队徽置于视觉中心，同时将主要的赞助商品牌的LOGO置于左胸、右胸或肩颈处。除统一队服外，由于每个对战队员都会有较近距离的特写镜头，队员比赛时素颜出镜或淡妆出镜。

游戏赛事的另一重要主体为赛事声音解说主播，这类游戏解说主播是初始意义上的游戏主播。他们在游戏领域具有较高的知名度，同时具有丰富的对战经验与技巧，通常在专门的演播厅负责游戏对战全程解说，同时在游戏对战结束时对整场比赛进行回顾评价。他们也是许多游戏玩家关注的重点对象，因此，他们在形象装饰上也具有一定的规范性与吸睛能力。赛事解说主播承接了传统电视台主播的特点，在服装上通常穿戴西装等极具代表性的正装，发型、妆容等较为精致，同时佩戴接受导播或后台指令的耳机。此外，作为具有年轻化、二次元特征的游戏赛事主播，解说主播在其他形象装饰上也有自身特色。如图5-41所示，作为LPL英雄联盟赛事解说主播，两位男主播身着较为正式的黑色衬衫，在领口与衬衫上设有卡通元素，同时在演播桌上放置具有特色的动漫角色手办与玩偶，体现出与传统赛事解说不同的活泼气质。游戏赛事的最后一类主体为赛后采访主持

图 5-41　2021 年 LPL 联赛游戏赛事解说主播

人。大型游戏赛事在主播的设置上与传统电视台赛事直播大同小异，主要设置赛事现场主持人与演播厅主持人，赛事现场主持人负责赛后对表现较好的电竞选手进行采访。相比于演播厅"半身"式赛事解说主播，赛事现场主持人展现的是全身形象，在形象装饰上更为讲究。

二、大众游戏主播的形象装饰

大众游戏主播主要可以分为声音主播与出镜主播，前者主要通过自主设计界面作为个人形象装饰对外展现。例如，哔哩哔哩的众多游戏主播设计与个人具有极高贴合度的动漫形象角色代替自己出镜。众多声音主播还将界面背景元素作为个人形象气质的代表。具有较高饱和度的粉色、紫色与黄色通常是女主播界面背景或边框设计的主色调，代表少女、优雅与活力；蓝色、灰色等暗色调的色彩通常是男主播界面设计的主色调。

出镜游戏男主播的直播内容的重点在于突出个人游戏水平与技巧展示，因此，在形象装饰上较为日常。除此之外，将个人形象与界面元素设计相结合这一现象在游戏男主播中也较为普遍。

出镜游戏女主播的形象装饰根据个人风格与特色百花齐放，但其中不乏较具暗示性的形象装饰。女主播的形象装饰可分为个人形象装饰与界面设计形象装饰。女主播的形象特征在很大程度上是吸引用户观看的重要因素，这在游戏直播领域也同样适用，因此，出镜的游戏女主播往往在形象塑造上具有赏心悦目、风格迥异的特点。此外，直播界面设计以紫色、红色为主色调，搭配闪亮特效与具有可爱特性的字体消解部分高雅之感，拉近与观众的距离。依托平台方提供的滤镜美颜、特效等功能修饰自身形象在游戏女主播中十分普遍，瓜子脸、大眼睛同时配以经典妆容成为整个直播领域女主播的标准配置，但在使用这类美化自身形象的外界工具时，要遵循适度的原则，过度使用这类工具会导致主播形象单一、整体形象不协调等。

第四节 游戏直播的空间设置与灯光布置

游戏直播间的整体氛围营造主要取决于主播个人的形象装饰，但也离不开整个直播空间的设置、灯光布置等。本节对游戏赛事直播与大众化游戏直播的空间设置与灯光布置进行分析与探讨。

一、游戏赛事的直播空间设置与灯光布置

游戏赛事的直播空间主要可分为解说主播所在的演播间与赛事现场的对战间。游戏赛事解说的演播间与传统电视台的演播室的空间设置和灯光布置具有较多相似之处。演播间主要的呈现对象为解说主持人，现场直播间在解说主持人前安置较大的演播桌来放置赞助商的相关物品，同时突出呈现赛事名称与LOGO。演播间背景板中心部位根据游戏属性、战队属性呈现一目了然、简洁明了的重要赛事信息。如图5-42所示，演播厅背景板以获胜战队的队徽颜色为主色调，同时突出显示队伍名称与获胜信息。整个直播空间的设计以灰色为主色调，光源充足，画面清晰，重点突出。

图 5-42　哔哩哔哩 2021LPL 春季联赛直播空间

游戏赛事现场的对战间在空间布置与灯光设置上与演播间具有较大不同。游戏赛事直播的主要直播内容为游戏对战场景，游戏主画面占据整个赛场直播空间的中心位置，同时占据整个游戏赛场中亮度最强的部分。除最大的游戏对战画面投屏以外，游戏赛事现场画面两侧为对战双方场地，根据战队主色调安置相应颜色的灯光屏与背景屏。如图5-43所示，虽然双方每一位对战队员前都有距离较近的特写镜头，但主播仍位于次要位置。为保证投屏在大屏幕上的赛事成为视觉中心，同时实现赛事现场最明亮的视觉效果，在整体灯光布置上，赛事现场背景灯光较暗，且多采用暗色调

图 5-43 哔哩哔哩 2021LPL 春季联赛对战间

的光源。

游戏赛事直播中对战队员双方的直播空间与灯光布景也具有规范性与统一性。具体体现在使用赞助商统一配置的电脑、座椅、耳机、鼠标等游戏设备。为避免过强的光线刺激选手，同时防止灯光反射至游戏主界面后干扰选手比赛，游戏赛事直播虽然为每位选手安排特写镜头，但在灯光布置上采用色彩较为柔和、光线较为分散的顶光灯与背景灯。

二、大众游戏的直播空间设置与灯光布置

大众游戏直播中，出镜主播的直播间整体氛围效果主要由拍摄设备、个人形象装饰、拍摄角度、灯光布置、直播背景装饰等因素决定，其中个人形象装饰起着决定性作用，与直播空间设置、灯光布置有着相互关联、相互影响的关系。只有直播空间与灯光布置较为适宜，主播的个人形象气质才会得到进一步的凸显。在游戏直播领域，注重个人形象展示的主播通常在直播空间设置与灯光布置上也较讲究。

男主播在个人形象装饰上较为简洁，在直播空间设置与灯光布置上也较为简单。例如，大多数男主播选择将动漫玩偶放置在个人形象后或主播桌上作为点缀，突出主播个人的二次元动漫属性。除直播间背景与动漫装饰外，直播椅也是主播个人形象装饰与空间布置的重要元素。在灯光的布置上，男主播通常简单地将补光灯、台灯置于游戏屏幕两边进行补光，或利用系统自带的亮度功能进行调节，主播受光均匀。但亮度与明度过高的灯光布置会造成过度曝光。

个人主播在空间与灯光布置上须具有一定的专业知识。相较于游戏男主播，出镜的游戏女主播对直播空间与灯光的布置具有更高的要求。女主播在颜色的选择上多以粉色、蓝色为主，突出个人形象特色。同时在其他

背景元素的设计上,她们常常会将动漫玩偶或手办置于个人形象后作为个人形象装饰与直播背景。

　　根据灯源、光照角度、亮度、色温等进行划分,直播间常用的灯光主要有主光、辅助光、轮廓光、顶光与背景光。如图 5-44 所示,主光起照明、使主播脸部受光均匀的作用,被放置在主播正面偏向左边或右边;辅助光主要用于增强主播的脸部立体感,通常位于左右侧面 45 度或 90 度处;顶光主要用于背景与地面照明,同时增加面部阴影,大大加强了主播的瘦脸效果。

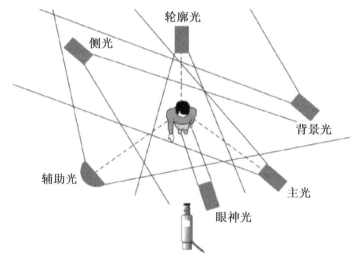

图 5-44　主播直播间灯光布置

　　与购物类、娱乐类女主播的灯光布置相似,游戏类女主播的常用光为主光、顶光与背景光,较少使用轮廓光。主光使主播面部受光均匀,可达到磨皮、美白等美颜效果。

第六章
购物类网络直播的视觉设计

教学目标：掌握购物类网络直播平台的界面设计要点；把握主播形象设计的关键点；把握购物直播间的色彩搭配；熟悉和掌握购物类直播的镜头和灯光设置的要求。

教学重难点：学习购物类直播的界面布局设计、主播形象设计和镜头灯光设置三个部分的内容，了解各类商品在直播间的色彩运用。

购物类直播是以购物平台与网络直播平台为基础，以各类终端设备为载体，通过主播的介绍、示范和强大的互动功能，引导用户深入了解商品，提升用户的购物体验，从而吸引更多用户、销售更多商品，最终实现新的盈利。购物类直播可以分为服饰、食品、百货、家装、电器等多个领域的直播。本章主要对购物类直播的界面设计、主播形象装饰、直播商品的摆放、灯光布置进行分析。

第一节 直播受众的审美需求

用户通过购物类直播界面了解商品，与主播或其他用户互动，直接购买商品并将使用感受反馈给主播与其他用户。用户进行直播消费的唯一渠道是观看购物直播，观看直播的直接载体便是直播界面，因此，购物类直播界面符合用户审美是实现最终盈利目标的要点之一。

一、用户对象的确定

不同用户群体对于界面设计的需求不尽相同，设计购物类直播界面应先对用户群体进行划分。以年龄段来划分，购物类直播的用户群体可以分为儿童及少年、青年与中年人。儿童及少年对直播界面的风格要求较少；青年与中年人对于界面设计的要求比较多样化与个性化，功能要求更多，如购买商品、发表观点、进行互动等。

二、视觉美感

商品视觉美感非常重要，而视觉体系包含直播背景布置、主播颜值与表现状态、商品的展示方法、互动方式的设置、直播硬件设备的摆放、购物的渠道与链接的设置等。画面应清晰流畅，购物直播界面的布局应当协调而不杂乱。直播界面中，直播动态画面或主播所在空间应当占据合适的屏幕比例，常用功能按钮应当位于易见易操作的地方，购物链接及相关信息应当显著却不占据过大空间，弹幕应既能方便用户操作又不会因为杂乱而影响用户的体验感等。直播界面的色彩搭配需要符合用户的整体偏好，还要与商品及直播界面的功能契合。

三、听觉享受

主播的声音、背景音乐、人际互动产生的声音等都会影响用户体验。第一，声音清晰流畅不刺耳是基本要求。一些直播平台的声音常常会出现"卡带"、被迫暂停、尖锐刺耳、断断续续等情况，这会影响用户的体验感。第二，声音应是悦耳的，让用户有享受的感觉。声音处理器应过滤掉多余的嘈杂的声音，使声音变得温柔圆滑。从用户需求与用户服务的角度讲，如果在操作界面上嵌入声音处理软件，用户可以根据自身的喜好选择不同风格的声音，将会达到更好的效果。第三，声音的风格应当与商品的外形与功能相契合，与直播主题相呼应，与直播画面完美交融。

第二节 直播界面设计

购物类直播平台的特点是传播载体多样化、以盈利为目的、主播导向性强、有强大的互动性、营销手段多样化、直播内容多样化等。传统的网站界面设计主要是平面的或者静态的，多以图片、文字、音频、动画等形式为主。随着数字化时代与视频流行发展时代的到来，传统的界面设计已经不能满足人们的需求，购物类直播对于直播界面设计的要求则更高。

一、购物类直播界面要素

（一）内容设计

对于商品内容设计，首先，应当确定直播的主推商品、核心商品及其搭配商品或同类商品；其次，应充分展示商品的亮点，以吸引用户；最后，应多维度展示商品，包括图片、视频的多维度，以及根据用户特征进行专门展示。对于主播内容设计，必须先确定主播人选，其应有超高人气或在专业方面能力突出。主播可以预先演练对商品的展示与营销，以幽默而不刻意的方式吸引用户关注，同时注重对自身人格魅力的塑造。

（二）操作设计

用户对商品的认识建立在感性认知的基础上，且用户的时间与精力有限，难以处理复杂的信息和进行复杂的操作，因此，购物类直播界面的操作系统应当简单易懂、易于操作。常用的功能按钮，如购物链接、互动按钮、互动框等应位于易见的位置，如直播界面的四个边角上。在操作流程上，应当设置操作流程指引，且流程中的选择及选择条件也应当从简。总之，操作系统的布局、操作的流程与步骤、操作的选择都应该简单易懂。

（三）布局设计

这里的布局指的是购物直播界面的整体布局，包括动态视频所占空间、操作系统所占空间、互动空间所占空间。一般而言，动态视频占据直播界面的80%左右，位于界面最上部，但设计者应在系统操作中给予用户自行调整的功能选择。操作系统一般位于直播界面的四周，背景为纯色，易于识别与操作。互动空间的设置比较灵活，可以是整个视频空间，也可以是视频空间的一部分，还可以通过纯语音进行互动，但最好显示有条理，否则杂乱的布局会严重影响用户的体验感。

二、购物类直播界面设计原则

为了契合"用户口味"，吸引更多用户并引导其消费，购物类直播界面设计可遵循以下原则。

（一）传播载体多样化

2016年，淘宝直播和蘑菇街直播正式启动，标志着我国直播电商的正式开始。更多以动态媒体为主的平台在完成了初期用户流量积累之后，也纷纷拓展业务，开发基于直播的电商平台。2019年，直播电商已经成为电商发展的主流。随着5G技术商用、民用的快速布局，更多丰富的流媒体技术在移动终端的应用普及，商品信息展示的动态化趋势逐渐显示出来，直播电商行业迎来一个全面发展的红利阶段。

目前的购物类直播以手机等移动终端为主，观众可以随时随地观看直播。直播电商市场从诞生到如今实现规模性的爆发式增长，体现了网络购物与电子商务的密切融合，也体现了直播市场和电子商务相互促进发展。在网络购物发展达到一定规模的情况下，直播、短视频等逐渐成为电子商务平台抢夺用户、提高推广度的有力抓手。直播给电子商务提供了一个新兴的平台，直播电商又反作用于直播行业，促进了直播行业规模的快速增长。

（二）直播界面的内容个性化

传统直播载体的直播内容偏向于大众化、普遍化、单一化（如新闻、演出、选秀等）。而购物类直播的主要目的是吸引用户、销售商品，因此更加个性化。淘宝直播根据直播内容的不同分为美妆护肤、时尚穿搭、珠宝首饰等直播专题，也会在首页显示用户关注过的直播间，做到了细分受众和精准推送。直播间所呈现的内容也从消费者的个性化需求出发，采取个性化营销。这种个性化营销是创造并利用各种机会去发现消费者的个性化需求，并且评价其需求，以独特的表达方式针对消费者个体提出相应的营销对策。例如，推销化妆品的主播会自己试妆，推销服饰的主播会在镜头前摆各种造型展示全身搭配，推销美食的主播会在现场制作食物并进行"面对面吃播"。

（三）强大互动性

传统的网上购物单方面传达信息，效率低，缺乏吸引力。而在网络直播中，用户可以直接通过手机界面与主播及其他用户进行互动，进而买到心仪的物品。淘宝直播平台的互动有如下特点。

1. 高密度的信息交流

淘宝直播的主播和用户在短时间内进行着高密度的信息交流。打开某一个淘宝直播间，整个直播画面便是扑面而来的各种信息输入。页面的左下角会不停弹出观看用户的实时弹幕评论。页面的右下角是点赞按钮，不管是否按动，始终保持着"正在点赞"的动态状态。页面顶端会出现滚动字幕，提示用户查看一些重要信息。画面的任意空白处一般都会有商家自主设置的图片，辅助主播说明商品信息及优惠信息。

直播节奏一般都较快。根据直播进程的安排，直播页面有时会弹出一些互动窗口，如领取优惠券、抽奖、投票等，用户需要时刻关注并及时点击屏幕才可以参与。此外，主播介绍商品时要与用户互动。为了在有限的时间里介绍更多的商品，给予更多的用户反馈，主播要始终保持较快的语速和反应速度。

2. 多样化的商品展示

在电商直播出现之前，淘宝购物平台上对商品的展示一般使用图文和小视频，展示的角度和具体信息都由商家决定。而在淘宝直播间，主播会在镜头前对产品进行试穿、试吃、试用，并说明使用的感受，让用户获得多方位的商品信息。"所见即所得"的真实感极大地提升了消费体验。

3. 煽动性的商品销售

商品销售是电商直播的核心诉求，引导用户在直播间消费是主播的工作目标。主播在直播中会不断使用重复性的营销语言，强调直播间商品的各种卖点和优惠力度，鼓励观看用户下单消费。带货直播是淘宝直播中非常普遍的一种直播营销模式，主播及其团队通过前期选品确定在直播间进行销售的商品。这些商品通常满足以下部分条件：直播间的售卖价格低于平台商铺；附赠超额赠品；直播间拥有独家购买链接。在此类直播中，主播的销售推荐词非常具有指向性和煽动性，如"销售第一""明星同款""十万加购"等描述。直播间会设置一定的商品数量和秒杀时间来刺激用户消费，主播会不间断地使用"最后 1 000 套，错过再等一年"等营销性语言在直播间营造出极具感染力的购买氛围。

第三节　主播形象装饰

购物主播是指通过移动端 App 或电脑网页端直播平台，以购物为主要输出内容，通过购物画面、语言、弹幕等与观众进行实时交流的网络主播。

淘宝直播对于主播的要求更高，主要有三个方面的要求：第一，形象出众，能吸引大量用户；第二，专业水平高，如穿搭、化妆等技术高超；第三，具备某种特殊才能，比如段子手，凭借智慧与才华吸引用户。淘宝直播的界面设计需要突破以往直播界面的束缚，寻找更加以用户为中心的界面设计方案与风格。

一、直播间房间建设

进入购物直播平台，最先呈现在用户眼前的是一排排有着购物截图或主播照片的小窗口。用户在浏览了这些直播间的标题和截图后，可以选择自己感兴趣的直播间点击进去。在直播间外面，主播通过标签、标题及封面这些自定义设置，向用户勾勒出一个基本的自我形象。进入房间后，用户看到的则是以主播的第一视角呈现的购物画面或主播营造出来的新场景。

二、直播间封面设计

（一）捕捉用户目光

在购物直播越来越多、产品种类日趋丰富、促销方式五花八门的网络购物环境中，要想吸引用户，首先要做的就是第一时间捕捉到用户的目光，引起他们对商品的注意。

要想捕捉到用户的目光就需要有一个明显的目光捕捉物。从视觉心理学角度来讲，目光捕捉物一般能够感染用户的情绪，抓住用户的情感诉求，引发情感共鸣。因此，在进行直播间封面设计之前，设计者应该对产品的特点及消费群体的特征有一个准确的把握。除此之外，这个目光捕捉物需要在视觉上能够引人注目，进而让用户赏心悦目，实现让用户视线在网站上停留的目的，如图6-1所示，通过模特视线的引导和打折信息的设计捕捉用户的目光。

图6-1　淘宝直播间封面图

大部分用户在浏览网站时是无目的的，他们并不知道自己要买什么，所以用户浏览网站的过程是对网站进行整体感知的过程。在这个过程中，视线并没有集中在页面的固定点上，得到的视觉形象只是关于这个物象的位置、形状、面貌等的模糊印象。目光捕捉物的作用就是把用户的视线吸引过来，完成感知的第一阶段，然后由视线流向的诱导去完成信息传达任务，如图6-2所示。

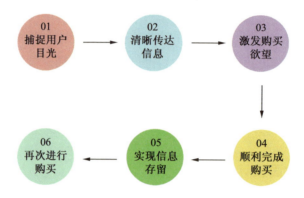

图6-2　购物主播平台视觉引导用户流程

（二）清晰传达信息

视觉流程的第二个阶段为信息的传达阶段。信息传达是视觉流程设计的重要阶段，对用户来说，如果第一个阶段的目光捕捉是无目的的，那么第二个阶段则是一个详细的、有目的的过程。用户被吸引进直播间后，会有目的地进一步了解产品的详细情况，此过程一般基于直播封面。产品的品牌、图像、色彩、规格、文案等信息按照视觉运动的法则得到组织和处理，在这个过程中，信息传播主题应该有明确的中心，图形的表现和文字的传达都要简洁明了。商品信息传达的过程在视觉上要做到行迹清晰可见、意义明确、节奏变化错落有致、个性特征突出。

（三）巧借视觉元素

用户的视觉运动受到页面中各种视觉元素的制约，一些具有强烈方向感的形状，模特的手势、表情，以及图片、文字的密集程度也能对用户进行视觉诱导。相似的因素通过重复、对比、调和的设计也能起到引导视线流动的作用。一些非信息载体，如装饰、图形等，对视觉也有一定的引导作用，但是如果使用过多也会令用户产生反感。因此，最好的办法就是尽可能地在设计的过程中，用信息载体来诱导视线的流动。好的视觉设计应

图 6-3　淘宝直播以特有运动形式引导视觉流动

该是在特有的运动形式的指引下，给用户的视觉流程一个合理的安排，既能优化画面，也不会阻隔和干扰画面中的运动气韵，如图 6-3 所示。

（四）实现信息存留

视觉设计的成功之处在于能让人记住，实现信息留存。对于直播购物来说，让人记住的意义在于产生"回头客"，这就要求设计者能够设计出有特殊意义的事物来给用户留下深刻印象。

三、主播的个人形象塑造

（一）体形、体态

体形是一个人呈现给别人的最直接的外在特征，它除了受到遗传基因和自然环境的影响外，还与后天的生活习惯和年龄变化相关。主播想要有完美的银幕形象，就要刻意地对自己的体形加以塑造，过于肥胖和过于纤瘦都不利于其形象的展现。

体态是主播在生活和工作中形成的一种独特的姿态。虽然成长环境和受教育程度在一定程度上影响着体态，但后天的习惯养成才是影响体态的最重要的因素。主播在屏幕中坐、走等动作，可以给用户一个印象，通过这样一个印象，用户可以感受到主播的文化素养、性格等，这对主播形象塑造和信息传播起着决定性的作用。用户是否接受这个主播、是否相信这个主播所说的话，在一定程度上取决于主播的体态。

体形和体态相互影响又相互独立。体形更多是主播外形所展现的，而

体态则是主播身体的仪态；体形虽然是可以后天锻炼的，但一部分取决于遗传基因；体态则是主播受生活环境、生活习惯、直播习惯和直播风格的影响后天形成的。相对于体形，体态对于一个主播而言更加重要，观众可以接受一个身材臃肿的主播出现在屏幕上，但绝不会接受一个行为懒散、流里流气的主播。因此，体态训练对于主播来说，尤为重要。

体形、体态是主播在塑造直播形象时必须要注意的。主播不仅要提升自己的文化修养，还要在工作中不断总结，在提高自己的语言表达能力的同时，注重自己形态语的配合。

（二）主播的手势、眼神、面部表情等非语言符号

在直播购物中，主播对手势的运用极为重要。它是对语言表达最直接的辅助，能够让所传递的语言信息更加准确、明了，让直白的语言更加生动。主播在思考语言表达的同时要进行手势思考，手势配合语言，做到手势表意辅助得当、传情准确、大方得体。

人们在进行交流时，语言的表意作用占35%，而肢体语言的表意作用则占到了65%。再华丽的语言如果没有肢体动作予以辅助，其作用都会大打折扣。如果想让观众接收到语言所表达之意，主播就要把肢体语言塑造放在重要位置，让所说和所做相一致。

眼睛是心灵之窗，其对情感的表达是语言和肢体动作的表意作用所无法比拟的。在直播中，主播与观众进行沟通时应合理、恰当地运用眼神交流，不应回避与镜头的正面眼神交流，不应眼神迷离，要主动进行眼神沟通。

人的面部表情是随着人类的进化和环境的变迁逐渐形成的一种世界语言。它不需要翻译，不受受教育程度的影响，不会随着社会的进步而改变，是最直接的一种情感表述方式。在看电视节目或电影时，也许你听不懂主角的语言，不了解故事发生的历史背景，不熟悉当地的风俗习惯，但通过主持人或演员的面部表情，在一定程度上你可以读懂他当时的心情或情绪。

用双手表意不单单存在于哑语中，日常交流过程中也会有手势语言的运用。社交场合中，一次简单的握手，一个坚定的握拳，一个善意的挥

手,都可能影响其他人对你的印象。而在直播中,在主播与嘉宾的交流过程中,手势语言的运用既可以表现主播的个人魅力,又可以传递主播的情感。一般情况下,主播的造型、语言都是事先设计出来的,而唯独不能设计的就是手势语言,刻意的手势语言会让观众觉得僵硬、做作、虚假,但手势语言是可以靠习惯动作的养成而形成的。舒展、到位的手势可以表现出主播的干练和自信,而杂乱、无目的的手势会让观众觉得主播思维混乱、紧张。

语言是主播进行信息传播的最主要工具,也是大多数从业者最注意也最刻苦练习的部分,而在进行语言信息传播时,主播的眼神、手势、面部表情等非语言信息作为一种特定符号,也起到传情表意的作用。适当在语言交流时加入手势、眼神交流、动作引导更有助于拉近主播与用户的距离,让主播在直播过程中更加自然、生动。而用非语言符号进行表意时,要充分考虑到主播的个人习惯、素质和特点,也就是说这些形体语言要表述到位。

要注意受众对主播非语言信息的理解,如果观众所理解的意思和主播想传递的信息不一致,就说明主播对形体语言的运用有偏差。这就要求主播在进行非语言信息选择时要慎重,要符合形体语言传递信息的一般规律,不能影响语言传递信息的准确性和可信性。主播只有把握好主题,控制好情绪,多做演练,平时养成好的习惯,事后多做总结,才能更好地运用形体语言,才能达到更好的信息传播效果。

随着社会的不断进步、科学技术的飞速发展,语言的更迭越来越快,新词汇的加入与旧词汇的消失每天都在发生。主播应该顺应时代潮流,对新词汇的意义和是否符合大众传播的标准做出判断。那些低俗、媚俗的形体语言即使流行、能博得大众的欢心,也不适宜在直播中出现;而那些能够反映时代进程、积极向上的新副语言词汇则应被适时地吸收并运用在直播中。

主播的副语言虽然可以对语言进行补充和诠释,但并不是越多、越复杂越好。在有声语言的传播上,主播会注意词汇和语句的停连,而在形体语言的运用上主播也要注意停连。比如在直播中,主播常常面带微笑,而这种微笑如果自始至终存在，毫无变化，与所说语言的情感不相符，那就会让用户觉得枯燥，甚至怀疑主播的微笑是否真诚。而那些毫无章法、随心所欲的形体语言更是不尊重用户的表现。形体语言应该围绕购物，为直播内容服务，并且应配合主播的有声语言传播，做到"声""画"一致。主播应该在直播中发现自己的不足，并在业务学习中不断练习，提高形体语言的运用能力，使自己成为一名"声情并茂"的合格主播。

（三）服装及妆容

发型、服装、饰物、妆容等共同构成整体的形象造型，为主播外在形象塑造的整体要求服务，使主播在镜头中更具美感，从而为受众提供更好的视觉享受。

购物类直播主播的妆容造型有自身的特点，需要在整体形象的表现上进行整体策划和塑造。首先以个体形象条件为基础，找出自身形象的不足之处，从网络直播购物任务的要求出发，并且根据手机屏幕的特点来综合考虑面部妆容造型。直播妆容造型主要是修饰类妆容，主要通过两种形式来表现：重彩型修饰和淡彩型修饰。重彩型修饰在色彩和结构上的表现比较丰富、夸张，而淡彩型修饰则更淡雅、自然。无论哪种形式都能够通过形、色、韵，赋予主播一定的气质。

直播时准确选择妆容造型可以为准确传播商品信息奠定基础。不同的妆面和造型也会让受众直截了当地分辨出直播类型的不同。直播妆容造型是一门综合艺术，其最终效果受到灯光、服饰、摄像、布景等因素的影响。比如，摄制现场的光线不够、照度偏低时，妆容的底色应该相对亮些，反之则应该适当地使用稍暗的底色，以便使皮肤色调呈现自然、健康状态；在烈日当空的中午，主播在外景直播时，其脸部会受到强烈顶光的照射而发生变形，肤色也会受到服装反射色及与服装色对比的影响而失真，这可以通过服装的颜色进行调整。

服饰的选择也要视情况而定。一般来讲，条纹状的服饰不宜上镜，以免受机器设备的影响而形成"走格"。一般情况下不采用大面积的纯白服饰，也不宜采用和背景颜色过于接近的服饰。总之，主播的服饰要以镜头和手机呈现为准，根据手机色彩要求进行选择。

（四）有声语言

从学术研究的视角来看，能够发出声音的口头语言其实就是有声语言，这一种自然语言是人类社会最早形成、人类在日常交流中最经常使用的媒介。传播是人们把各种意义符号化后与社会进行信息传递、信息接收和信息反馈的行为的总称。简而言之，所谓传播就是人与社会之间的交流。购物直播中主播的有声语言特征主要表现在五个方面：一是语言精准简练，专业性强，信息量丰富。主播使用准确简练的语言概括商品的主要卖点，提供大量商品关键信息，并用专业化的语言增强信息源的可信度，提升对受众的说服效果。二是对语言进行选择性重复，轻重有别。在有声语言传播中，重复关键词语可以有效提醒受众注意信息焦点，轻重音有别可以令受众迅速辨别出重点信息。三是语言图像化，富有画面感。有声语言具有图像化的表达，可以产生画面感，从而令受众更好地接收主播想要传递的信息。四是使用富有煽动性、感染力的情绪化语言。主播使用情绪化语言往往能令女性受众受到暗示和被感染，进而产生购买欲望。五是语言具有亲切感，交互性强。购物类主播往往使用具有亲切感的语言来提高受众的参与度，如朋友般的好物分享在一定程度上可以起到缓解孤独与进行陪伴的作用，令受众感觉主播非常平易近人，进而容易产生黏性。

（五）主播形象的被动建构路径

主播在直播过程中，可以根据自己的需求和意愿对直播的主题、风格、时长，以及发布的时间、地点进行预设，并且在直播过程中随时做出调整。观众可以根据自己的意愿决定是否观看直播，还可以通过实时互动的方式表达自己的诉求。在互动的过程中，主播会实时回答观众的提问，并根据观众的需求变更话题内容，或切换直播背景和场地。因此，直播过程是典型的传授双方信息适配的过程。

1. 实时弹幕互动

网络直播的"即时性"不仅体现在直播间的即时互动，也体现在用户发送弹幕的即时沟通。尽管由于网速限制，直播仍然存在一定的滞后性，但从总体上来看，用户的弹幕仍然是对直播内容和主播行为的实时反馈。

用户会对正在展示的商品进行询问，用户之间也会针对直播进程中的产品或话题展开讨论。主播则会根据用户的实时互动弹幕，通过即时反馈来维持与直播间用户的互动关系。主播可以对所有人进行一对多传播，也可以对某一用户进行一对一传播，而所有观看用户可以针对这个主播进行多对一的回复。在观看人数较少的直播间，主播与弹幕的互动基本上可以做到一一对应。当参与人数较多时，若主播的某一个表达得到大量用户的回应，便会在同一时间段内出现刷屏式弹幕。

2. 用户参与直播进程

借助实时互动，用户能够在观看直播的同时参与直播进程，可以对主播展示商品的顺序、类型等进行干预。一般情况下，要求合理或者具有代表性的需求都会得到满足。比如，在服饰类的直播间，用户可以发布"扣号"指令，主播根据用户在弹幕中打出的编号试穿相应的服装。或者用户会对直播间的光线、产品摆放等方面存在的问题进行反馈，主播会做出相应的调整。用户通过点赞互动也可以影响直播流程，点赞数达到不同的数量，主播会给出相应的优惠，用户甚至会发送弹幕来提醒主播实时的点赞情况。这实际上都是用户介入直播内容构建的表现，用户不仅是观看直播的消费者，也成为直播内容的生产者，实现由消极受众向积极受众的转变。

3. 互动与购买行为随时切换

淘宝直播平台通过技术实现了让用户在观看直播时可以在不中断直播的情况下随时点进直播间里的商品链接进入淘宝购物平台进行购买。浏览商品时，直播界面会缩小但不会关闭。用户可以在购买界面与直播界面之间任意切换，在购买商品时仍然能够接收到主播的实时直播信息。用户在参与直播间互动后产生购买需求并发生购买行为，在购买时遇到任何问题都可以返回直播间与主播或者其他用户互动交流，将购物结果和购买体验在直播间内通过弹幕的形式进行反馈，从而形成了"互动—购买—互动"的完整闭环。

第四节　直播商品的摆放与灯光布置

直播画面的好坏在很大程度上取决于灯光的布置，方便易用是灯光照明设计的主要着力点。直播商品的摆放也很重要。

一、环境与布光

（一）直播室灯光设计

设计方要根据直播间的面积、空间等，与美工商定主播台和直播背景设计，包括其形状、色调、大小比例及摆放的位置。在实际应用中，主播台与背景之间要尽可能拉开间距，留下足够的布光空间，以解决布光中容易出现的人物造型光与背景光相互干扰的问题；要对主播的面部特征进行观察分析，同时还要考虑发型、服装等对人物造型的影响。掌握以上几方面的综合情况后，再进行整体的灯光布局设计。

目前直播光源已大量采用 LED 光源。LED 光源灯具的优点包括：第一，被射物体不易形成明显的阴影瑕疵，更能体现人物的面部形态，画面效果层次丰富。光线均匀柔和，视觉舒适，使得主播能更好地观察提示器信息。第二，灯具性能稳定，功率小，照度指数高，色彩还原性好，视觉清晰。在布光时，可以根据现场气氛和直播画面，进行适当的位置、高度、角度选择。采用 LED 灯具隔栅，可有效控制小范围的聚光光照区域，不采用 LED 灯具隔栅，则光线均匀、柔和，光区范围大，亮度低。光线均匀柔和，则人物的五官、发型、服饰等有立体轮廓、空间层次和质感，无明显的阴影和亮斑。

（二）顶部光源设计

在设计顶部灯光时，要注重照度的均匀和色温的统一。在主播出镜的位置，使用定制造型灯或筒灯。定制造型灯在柔光亚克力灯罩的作用下，发出的光均匀、柔和，筒灯在其灯罩处也经过了光源扩散处理，发出的光均匀、不刺眼。为保证直播的色彩效果，建议选用色温为5 600 K、大厂生产的光源，因为市场上光源品牌众多，质量良莠不齐，很多小品牌色温偏差较大。

但在实际施工时，每个直播室对灯光颜色有个性化需求，可能不会采用色温统一的光源，即便如此，单独直播室的顶部光源也应保持色温的统一。在色温统一的基础上，即使直播视频呈现的肤色有一定瑕疵，也能通过摄像头本身的色温调整回来。

（三）墙面光源的设计

在设计墙面的时候，有时设计者会从视觉效果角度考量，设计各类炫酷的光影造型，虽然肉眼看起来效果比较好，但是直播时呈现的效果往往并不理想。因此，在设计墙面灯光时还应注意避免出现光源直射的情况，以防光源对摄像头的曝光造成干扰，可通过光源漫反射的方式来达到扩散的效果。此外，还应避免大量使用彩色光源，因为较多的彩色光源会通过反射照到直播者的面部，从而对面部进行染色，影响画面，同时流媒体摄像头对蓝光、红光的识别容易出现偏色。

（四）直播桌光源的设计

直播桌作为直播间的主要置景，在直播中扮演着重要角色。在设计直播桌光源时应避免采用直射光，在面向主播端也不应设计光源。在桌子的正面和侧面，可根据需要运用灯光进行相应的艺术设计，光源的面积不宜过大，且应加入亮度可调光源。在电视直播中，往往在桌面下安装下颌灯，以此来消除下颌阴影，美化面部效果，但在手机直播中不建议使用。一是由于主播需要展示商品且坐姿较低，下颚灯摆放位置受限；二是由于顶部照度并不高，若稍不注意，主播的手的影子就会出现在镜头前。

（五）人物塑型布光

要根据主播的形象特征进行灯光造型归类，同时也要考虑主播合理的审美要求，有时需要用光准确表现出仅略加美化的本来面貌，有时需要通过布光重新塑造形象。要注意的是，无论是还原本来面貌还是塑造形象，都必须符合形象的主体格调，尽量减少造型的痕迹，力求光影自然过渡。

人物布光要做到当主播位于画面中景时，人物的五官要匀称，头发要见丝，服饰要见质，舌齿要见亮，眼睛要有神，要有整体轮廓和空间层次，无明显的阴影和亮斑。

布光的要点如下：

① 在人物上方两米左右偏后一点位置，用LED平板灯铺底光，增加空间光密度和头发、肩部的感光度，使整个画面干净、清晰、饱满，达到最佳的视觉效果。

② 将人物主光放在脸部瘦的一面，使其得到丰富的光照，或将主光放在脸型完美的一面，使其得到充分的展现。

③ 对于脸部线条轮廓不明显或需要拍瘦一点的主播，应增加灯位的高度和侧度，反之则应减小。

④ 眼神光要以眼珠中的一点为佳，不能一片或多个光点，可用加隔栅的平板灯进行单独表现，同时淡化颈部阴影，增强舌齿的明亮度和清晰度。

⑤ 对于女主播，灯光不宜过高或过于在侧面，否则会影响面部肤质。一般男主播的肤色不如女主播白，布光时一定要控制好亮度。

⑥ 要将人物造型光控制在一定范围内，不要散射到背景上，以免影响画面的色调和层次，可用黑卡纸或挡光板进行遮挡。

⑦ 背景光要简洁，色彩要淡、纯，对不理想的背景色调，可用灯光色彩进行校正。

⑧ 要严格控制光的比例和光照范围，人、景、物的光照过渡要自然，使人物形象和电视画面层次分明。

（六）布光技巧

布好背景光后，可先把背景灯关掉，再进行独立的人物面部布光。如果是男女双人直播，要根据男女主播的脸部特征，确定主光灯位，若两人脸型差异较大，须分别设定主光。灯位的高低、角度要根据脸型确定。

1. 主光

主光是人物造型的主要光源，是塑造人物形象、体现人物轮廓和肤色气质的光，灯的方位、角度要视人物的面向和脸部特征而定。一般情况下，主光灯在主播面部朝向的一边。布光中女主播的灯位不宜过高或过侧,特别是对于有皱纹的主播,要掌握好灯的高度、侧度。主光的位置一般在平行度的 30~50 度之间,高度以主播坐着时鼻影在鼻夹偏下一点为佳,若是线条型的高鼻梁,灯位就不宜过侧,光线也不宜过硬,可采用不加隔栅的 LED 平板灯。尽量不要将人物布光散射到背景上,不然会影响整体的画面效果。

2. 辅助光

辅助光采用不加隔栅的 LED 平板灯,它是二次反射式光线,较柔和。若是聚光灯,可在扇叶上加柔光纸,根据亮度情况也可加两层柔光纸,增加柔光度,尽量减少辅助光产生新的阴影。灯位可根据主光的位置及人物脸型、发型进行选择,一般辅助光的影子不要过鼻梁,不然会有蝴蝶型鼻影。亮度与主光亮度的比例在 2∶1~2∶1.5 为宜。

3. 面光

面光即机位正面的光,用来照射人物的正面,灯位一般在人物面部高度偏上,在机位上抛度的 30 度左右。也可采用双灯面光,即先用不加隔栅的 LED 平板灯进行面部照明,再用加隔栅的 LED 平板灯做眼神光,特别是在有提示器或主播有下眼袋的情况下,须分别采用面光照明,但要采用挡光板分别遮挡不利于人物造型的光。对于有下眼袋的主播,须单独用低角度的光进行局部补充,要挡掉鼻梁以下的光,否则会有蒜头鼻影,并影响唇齿的美观。面光要帮助主光造型,使人物面部有层次。主播直播时要控制亮度,尽量减少产生新的阴影,特别是下颚阴影和背景阴影,不然面部显得杂乱,画面不干净。

4. 逆光

逆光可以增强画面的纵深感、突出人与景物的空间层次,在人物造型上能体现发饰、服装肩部的质感、立体感。布光时可采用 LED 聚光灯,灯位一般在主播背后上抛度 45~65 度,亮度须高于主光,光比宜为 2∶1,但不宜过亮。

5. 修饰光

修饰光在特殊情况下临时用流动灯做局部修饰,如在主播穿着深色服装,服装的颜色、质感不能得到体现的情况下,用流动灯进行局部加强。

切不可有余光散射到面部，要用挡光板把余光遮挡干净。主播因睡眠不足导致两边脸颊胖瘦不均时，可采用流动灯加柔光纸在瘦的一侧进行细部补充。一般宜用 1 kW 以下的流动灯，不宜过亮，灯位要视具体情况而定，角度要合理，光线要专一。

二、基本构图与商品摆放技巧

（一）购物直播间设计的现状

1. 直播间的界面组成

界面设计最终的目的是促进产品的销售，通过合理的视觉表达，让用户感受到吸引力和感染力。如同实体店有产品展示、POP 海报、橱窗、货架、灯光等视觉元素，直播界面也由各个促销元素组成。图 6-4 中，直播

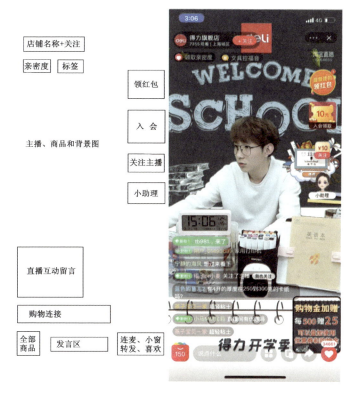

图 6-4　淘宝得力文具店直播画面

界面的组成元素包括头部、页尾、主播直播区、右侧领福利区、注册入会区、主要信息展示区、互动区域等。

2. 直播间的视觉营销

直播间的视觉营销即在产品销售的过程中，通过视觉要素来展示品牌或产品的特性，最终把产品卖出去。视觉营销一般通过图像、文字、色彩等视觉要素展现产品的特性和优势，吸引用户的关注，增加用户对品牌或产品的认可度，提高订单的转化率。直播间视觉营销的目的就是给用户好的体验，能让用户容易进入直播间，容易看、容易懂、容易买、容易互动。用户的视觉感受直接影响着用户对产品的信赖度。布局混乱或毫无设计感的直播间，会令用户觉得产品不值得信赖。直播间有效的视觉传达设计影响着整个购物过程。

（1）视觉流程与直播界面

视觉传达设计就是把想法通过设计手段转化为可见形象。在传统的版式设计中，视觉流程是指人获得视觉信息的过程，是按照人类的视觉特性对视觉元素进行合理安排，使文字、图形、图像等元素在特定的空间里具有某种视觉上的关联，并使受众按照设计师的意愿进行阅读。

在视觉流程设计中，设计师通过界面设计对用户进行视觉引导，帮助用户在看直播的过程中了解主要诉求信息。视觉流程的设计使信息的传播更简洁、更快捷，避免用户在购物过程中产生视觉疲劳。对于界面设计者而言，成功的视觉流程设计应该引导用户按照其设计目的，以快捷的方式、合理的顺序、有效的感知方式获取最有效的信息。

（2）直播间视觉流程的载体——视觉元素

直播界面视觉流程需要以视觉元素为载体。界面一般由图片、图形、文字、色彩等视觉元素组成，如图6-5所示。顾客在网站上购物并不能像在实体店一样可以发动触觉、视觉、听觉、味觉等来感知商品，而是视觉感知起主要作用。为了能让顾客详细准确地了解商品信息，直播界面设计要利用清晰的产品图片、准确的文字描述、有冲击力的视觉图形来进行引导。

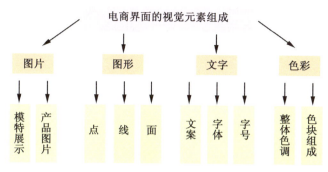

图 6-5 电商直播间的视觉元素

（3）浏览画面的视觉流程

实现良好的用户体验是直播界面设计的重要目的，这就要求界面设计者把"以用户为本"的设计理念融入整个设计过程中。谈视觉流程设计要从用户的视觉特性出发，分析用户的视觉生理习惯。只有更加关注对用户的研究，才能使设计真正地为用户服务。

按照视觉的流动规律和现代的阅读习惯，用户在浏览网页时，一般情况下其视线的流动规律如下：

首先，大多人在浏览画面时视线一般是按照从左到右、从上到下的规律运动，所以页面上每个区域所获得的关注度是有差异的。如图 6-6 所示，按照重要性的先后顺序一般为左上方、右上方、左下方、右下方。其次，从视线在页面上的运动速度来看，视线在水平方向的运动速度远远高于垂直方向的运动速度，垂直方向的运动比水平方向的运动更容易产生视觉疲劳。

图 6-6 界面重要性先后顺序

直播间中展示的产品的重要性一般是有差异的，将主推产品安排在页面的视觉中心可以获得更多的关注。进行直播间设计时，首先要寻找界面的视觉中心区域，合理安排产品。最佳视域的产生是由用户的视觉习惯特点决定的，在同一个页面中，上半部分的视觉感受大于下半部分，左边大于右边，因此，左上部和中上部区域是页面的最佳视域。如何寻找最佳视域呢？在设定网页尺寸下的版面中心线上，找出平分页面的三条等距离的直线，中心线上便出现三个等距离的焦点，最上方的焦点最引人注目，这便是版面的最佳焦点，围绕最佳焦点的区域就是最佳视域，如图6-7所示。

图 6-7　最佳焦点与最佳视域

（二）直播商品的摆放

无论是从整体还是从局部元素上看，直播商品的摆放都要参考平面设计中的构图法，即结合用户视觉体验来进行布局，应符合用户视觉体验需求。

商品摆放可反映整体空间安排。优秀的布局具有秩序性、一致性和引导性，在一定程度上弱化界面信息的复杂性，影响用户的认知，使其行为变得准确而高效。

三、直播界面色彩

1. 直播界面色彩构成

界面的色彩分为主色、强调色、辅助色和背景色。主色是一个应用界面的主题色，多为明亮或饱和度高的颜色。辅助色就是辅助主色的颜色，多为主色的灰色调颜色。强调色多以单个色块出现，起到强调和引导作用。背景色是在界面中占比例最大的颜色，多为黑、白、灰三个颜色。在对购物界面进行视觉设计时，设计者应充分了解用户的需求，可以通过色彩的选择和搭配来表达意向。

2. 色彩在购物直播界面中的作用

（1）营造氛围，塑造风格

色彩决定了用户对直播间的第一印象，对营造氛围发挥着至关重要的作用。从色调、色相两方面来看：色调营造界面氛围，如纯色调、强色调华丽而强烈，浅色调、隐约色调柔和而舒适，深色调、灰色调严肃而沉重；色相决定着直播界面的联想空间，令受众产生不同的情绪体验，给人冷暖、轻重、软硬、动静等不同感受。主播也可以充分利用色彩情感效应的规律，根据所宣传产品的特点、目标用户的爱好和希望传达的情感来选择色彩。

（2）强化视觉区域，引导视觉流程

色彩在直播购物界面中可以配合手机直播界面的版式结构，强化视觉区域，如区分手机购物直播的各个内容板块。此外，色彩还可以引导视觉流程，利用色彩主次关系来服务于不同层次的信息传达，如利用强调色来突出主要交互信息，利用色彩的变化来提醒用户界面内容的区分和跳转。

图 6-8 中，SK-Ⅱ直播界面分别运用了白色、红色、粉色等色彩对版面内容进行了区分，使用户可以一目了然看到各个板块的内容，打破了单一版式的单调感。此外，红色作为强调色贯穿于整个界面，一方面可以迅速集中用户的视线，使其发现优惠信息；另一方面可以将各个板块进行衔接，从而保持界面的协调感和秩序感。

（3）表现主题，营造界面风格

色彩是影响界面风格的最重要因素，直播界面色彩设计应先确定商品所要表达的主题，根据

图 6-8　淘宝 SK-Ⅱ直播画面

主题和内容选用颜色，最后利用色彩来营造出独特的界面风格，在主题、风格、色彩之间建立统一的关系。例如，直播一款母婴产品时，首先将直

播的主题锁定在"母婴"上,根据主题选用更能代表女性和婴儿的色彩,因此,界面的风格应淡雅清新,不能过于庄重严肃。

确定好主题内容和受众群体是做好直播设计的第一步,后续营造出的界面风格和氛围要符合直播主题内容和受众群体的定位,从而正确传递商品的品牌形象。

(4) 传递品牌信息,塑造企业形象

色彩在传递品牌信息、塑造企业形象方面扮演着重要角色。例如,可口可乐公司一直坚持将红色作为企业的品牌色,一方面红色象征着激情与活力,符合公司的品牌定位;另一方面不断通过可口可乐的红色来加深消费者的品牌印象,从而建立消费者对品牌的忠诚度,使红色成为可口可乐最为经典的视觉元素,成功塑造了企业形象。

色彩是"无声的推销员",它不仅能美化界面,而且对提升品牌价值和活跃度起着重要的作用。因此,应重视色彩在直播界面上的应用,将其看作商品品质和内涵的延续,充分发挥色彩在传递品牌信息、塑造企业形象上的作用。

(四) 直播购物应用界面的色彩搭配改进方法

1. 色彩搭配要准确

(1) 与网店色彩搭配相符,与辅助色彩搭配相融

为了强化网店形象,直播间界面配色往往首选网店中的标准色彩。比如,SK-II以明度和纯度都较高的红色为主色调,以浅灰色和白色作为辅助色,尽管界面信息量大,但通过辅助色彩进行颜色区分,可以很好地引导用户交互,使用户更快地完成交易。再如,美的的购物直播界面也选择了与网店相对应的颜色,以白、橙、黑进行搭配,给人以都市化、现代、简洁的感觉,旨在给用户营造和谐、安静、舒适的购物环境。

(2) 了解色彩心理形成的社会文化环境,充分考虑用户感受

直播购物界面设计应与当下的经济、社会、文化环境相结合,了解用户对色彩的感觉,即在不同时间、空间、国家和民族文化背景下,色彩在人们心目中的意义。

东西方文化和审美的差异在国内和国外手机直播购物界面的视觉风格

上得到了一些印证。国内的直播页面多以热情洋溢的暖色为主，引人注目，感情强烈，容易增加人们的兴奋感和购买欲，如淘宝的橙色、天猫的红色；而国外多以冷色或彩度较低的色彩为主，如 Lyst 的黑色、NET-A-PORTER 的浅灰色。

（3）色彩应用避免过于繁杂

目前有些购物直播界面在色彩应用上较为花哨杂乱，虽然界面的色彩氛围比较热闹，但过多过乱的色彩会给用户的浏览带来不便，很容易造成视觉上的不适和疲劳。界面色彩在运用上不能过于繁杂，要突出重点，在直播界面中主要突出商品。色彩设计的目的就是要保证用户关注到商品，要减少过多过乱的色彩所造成的视觉干扰，合理用色，做到主次分明，保持整个直播界面色彩的整体性和统一性。直播界面的主色通常贯穿于直播封面图及直播间，也常作为强调色出现，这在一定程度上可以减少色彩的使用，从而做到界面色彩的协调统一。一般来说，界面的色彩要控制在 3 种以内，可以通过调节色彩的属性来产生变化。色彩使用过多，会造成视觉混乱，增加用户行为操作的难度。

选用直播色彩之前，应考虑是否能让用户产生目标行为、帮助用户实施行为及产生行为结果。要想促使用户更流畅地完成一系列消费操作行为，需要在色彩上找到合适的认知视觉，让用户准确识别色彩，并进行下一步操作。

界面色彩缺乏层级感或商品页面的色彩过于跳动，也会极大地影响用户搜寻目标产品的效率。特别是在促销活动时期，各大直播平台的活动页面运用高饱和度的色彩让用户感知到了节日的活动气氛，却也给用户在商品选择上增加了难度。高饱和度的色彩固然能带给用户视觉冲击力，但克制地减少色彩的种类可提升转化率，减少不必要的操作。

2. 色彩搭配要有整体性

读图时代，图片在直播购物界面中占的比例越来越大，甚至一些细心的电商设计者在设计手机 App 时考虑客户的流量使用情况，给出两种界面效果，一种是有无线网络时的高清图片，一种是没有无线网络时的常规图片。一般来说，设计方为保证视觉体验的流畅度和舒适度，会对所使用的商品图片进行修饰调整，让商品图片可以融入直播购物的色彩氛围中。

3. 色彩搭配要有独特个性

直播购物界面的基本色相数量是有限的，但配色方案给人的感受却是丰富多彩的。设计方在做直播界面设计时首先会对配色进行关键词搜索，直播孕婴产品时会想到温和、舒适、淡雅等词，想到的色彩自然就是浅粉色、浅蓝色和浅黄色。比如，蜜芽宝贝直播间的主色彩依然是最常规的粉色，但是在每一类别里根据版式需要，搭配了柔和的蓝色、紫色、绿色及橙色，消除了过于粉嫩的感觉，给用户营造出一种简单、放心、有趣的母婴用品购物氛围。

购物直播在用色上过于类似，多数使用红色、橙色等偏暖色，虽然能够营造出亲切、热闹的界面氛围，但缺少一定的个性和新颖性。一个直播界面的用色必须要有自己独特的风格，并与其他同类别产品形成明显的区别，以便能够在视觉上给用户留下深刻的印象。设计师应在把握受众群体色彩心理的基础上，大胆进行色彩多元化设计创新，不要因循守旧，要学习借鉴其他优秀的直播经验，不断推陈出新。

4. 色彩搭配要均衡

一个好的直播界面首先看上去要舒服、协调，令人能长时间浏览下去，这就要注重界面色彩的均衡搭配。色彩均衡就是要协调各色彩之间的关系，营造出和谐、稳定的界面效果。色彩的均衡主要涉及色彩的强弱、明暗、面积大小、各种色彩所占的比例等，如界面中饱和度高的色彩面积过大，很容易产生强烈刺激的视觉效果，不利于用户长期浏览。如果缩小高饱和度颜色的使用面积，再配以大面积的无彩色如白色、灰色等，那么界面就容易取得平衡稳定的效果。

色彩设计看似偏于感性，但事实上有理性牵引的感性才更能打动人，色彩搭配的合理运用直接决定了直播购物的用户接受度和市场接纳度。目前手机直播同质化严重，色彩搭配形式层出不穷，当遇到同一行业类型的项目时，为了避免色彩设计同质化及用户视觉疲劳，设计方应深入了解目标用户群的需求和特点，从设计细节入手，制定出独特的配色方案。

参考文献

[1] 创谈设计. Photoshop CC 移动 UI 界面设计与实战 [M]. 2 版. 北京：电子工业出版社，2018.

[2] 弗兰克·多霍夫. 人像摄影专业流程全解析：模特、场景、布光、拍摄、修饰 [M]. 周觊，译. 北京：人民邮电出版社，2015.

[3] 刘国华，张鹏. 网红经济：移动互联网时代人与商业的新逻辑 [M]. 北京：新世界出版社，2017.

[4] 马川. 我国网络直播平台的传播策略研究 [D]. 济南：山东大学，2017.

[5] 曲涛，臧海平. 当前网络直播存在的问题及监管建议 [J]. 青年记者，2016（26）：15-17.

[6] 苏洵，李家福. 网络视频技术与应用实践 [M]. 北京：电子工业出版社，2011.

[7] 孙爱凤. 直播技巧：实力圈粉就这么简单 [M]. 北京：机械工业出版社. 2019.

[8] 孙孝华，多萝西·孙. 色彩心理学 [M]. 白路，译. 上海：上海三联书店，2017.

[9] 汤洪泉. 空间设计 [M]. 北京：人民美术出版社，2010.

[10] 王铎. 新印象：解构 UI 界面设计 [M]. 北京：人民邮电出版社，2019.

[11] 王冠雄，钟多明. 直播革命：互联网创业的下半场 [M]. 北京：电子工业出版社，2017.

[12] 王岩. 流媒体技术的发展现状及前景分析 [J]. 计算机光盘软

件与应用，2013（17）：181，183.

　　[13] 王运武，王宇茹，洪俐，等. 5G时代直播教育：创新在线教育形态 [J]. 现代远程教育研究，2021，33（1）：105-112.

　　[14] 下牧建春. 电影布光技法 [M]. 新1版. 上海：上海人民美术出版社，2016.